PATER NIKODEMUS SCHNABEL
Zuhause im Niemandsland

Pater Nikodemus Schnabel

Zuhause im Niemandsland

Mein Leben im Kloster zwischen
Israel und Palästina

HERBiG

Bildnachweis:
S. 58 – shutterstock
S. 68 – Dormitio-Abtei, Jerusalem

2. Auflage 2015

Umschlaggestaltung: Wolfgang Heinzel
Umschlagmotiv: shutterstock (oben), Corbis (unten)
Kartographie und Grafik: Theiss Heidolph, Dachau
Satz: VerlagsService Dietmar Schmitz GmbH, Heimstetten
Gesetzt aus: 12/16,25 pt Minion Pro
Druck und Binden: GGP Media GmbH, Pößneck
Printed in Germany
ISBN 978-3-7766-2744-2

Auch als

www.herbig-verlag.de

Für Jürgen in dankbarer Erinnerung,
der mich als Kind das Fragen
und Suchen lehrte

Inhalt

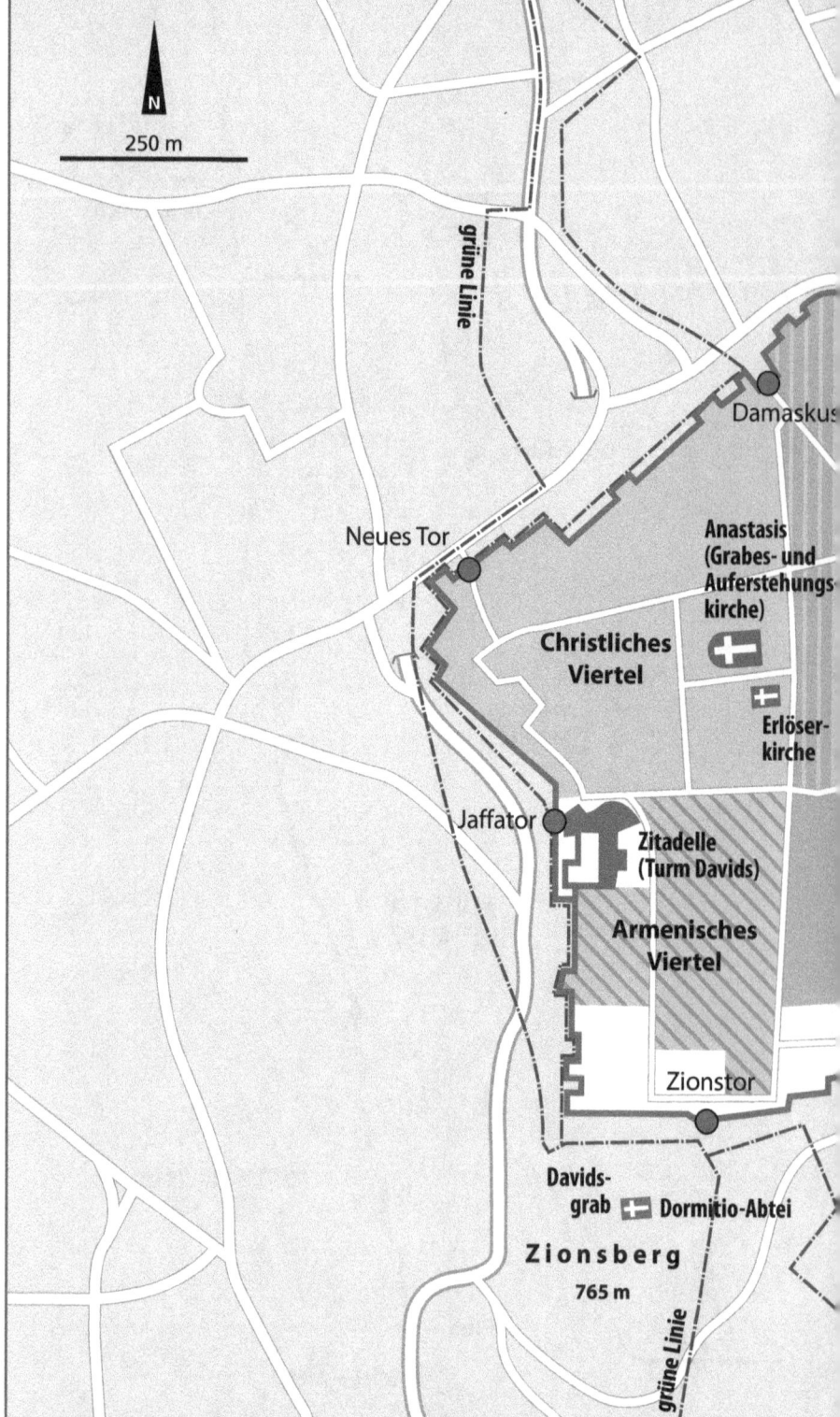

grüne Linie

N

250 m

Neues Tor

Damaskus

Anastasis
(Grabes- und
Auferstehungs-
kirche)

Christliches
Viertel

Erlöser-
kirche

Jaffator

Zitadelle
(Turm Davids)

Armenisches
Viertel

Zionstor

Davids-
grab Dormitio-Abtei

Zionsberg

765 m

grüne Linie

PROLOG

Zuhause im Niemandsland

Im April 2003 begann ich als junger Mann, Mönch in Jerusalem zu werden, und war fasziniert von einer meiner ersten Unterrichtsstunden. Als neuer, junger Mönch, ein sogenannter »Novize«, erhält man jeden Tag »Noviziatsunterricht«, der eine bunte Palette von Klostergeschichte über Sprachenunterricht und Gesangsausbildung bis hin zu den Grundlagen des Mönchtums, der Spiritualität und des Kirchenrechts bietet. Dort wurde mir beigebracht, dass mein künftiger Lebensort, die deutschsprachige Benediktinerabtei *Dormitio Beatae Mariae Virginis* auf dem Südwesthügel Jerusalems – der den bedeutungsschwangeren Namen »Zionsberg« trägt –, völkerrechtlich gesehen im Niemandsland liegt. Ganz praktisch gesprochen: Meine neue Wahlheimat ist weder Israel noch Palästina, sondern das Niemandsland dazwischen!

Wie kann das gehen? Schließlich wird in den Nachrichten immer wieder die viel beschworene »Zwei-Staaten-Lösung« genannt. Dass es dieses Niemandsland gibt, liegt an der berühmten »Grünen Linie«, die allerdings weder ein Grünstreifen noch eine Linie ist. Es handelt sich bei ihr um die international anerkannte Waffenstillstandslinie, die nach dem Krieg von 1948 vereinbart wurde. Sie bildete bis 1967 die Grenze zwischen Israel und dem von Jordanien verwalteten Westjordanland. Sie ist auch die

Grundlage einer künftigen Zwei-Staaten-Lösung. Nur: Diese mit grüner Farbe in die Karten eingezeichnete Linie schließt an mehreren Stellen Gebiete in sich ein. Sie teilt sich an diesen Stellen, sodass es auf einmal zwei Linien gibt: Die eine zeigt an, wo völkerrechtlich Israel beginnt, während die andere sichtbar macht, wo nach internationalem Recht ein künftiger Staat Palästina entstehen soll. Das Gebiet zwischen diesen beiden Linien ist hingegen ungeklärt, eine Pufferzone, ein Niemandsland. Genau dort liegt mein Kloster!

Gerne nehme ich kleine Besuchergruppen auf unser Kirchendach mit, um ihnen die atemberaubende Sicht auf Jerusalem zu zeigen, das sich nach Westen und Osten erstreckt, auf die Altstadt und die Neustadt, auf die arabischen und die hebräischen Stadtviertel. Dabei sieht man auf der Nordostseite unseres Kirchendaches noch immer die Einschussstellen, welche von den Waffen der jordanischen Soldaten stammen, die 1948 von der nahe gelegenen Altstadtmauer auf unsere Kirche feuerten, während die israelischen Soldaten das Feuer von unserem Kirchendach aus erwiderten, wovon die südwestliche Altstadtmauer sichtbares Zeugnis ablegt; besonders das unserer Kirche gegenüberliegende Zionstor gleicht einem zu Stein gewordenen riesigen Schweizer Käse.

Um es noch anders auszudrücken: Ich lebe in einem Frontgebiet, das bis heute nicht zur Ruhe gefunden hat. Und genau hier lebe ich mein Leben als Mann, der zusammen mit anderen Gott sucht, gemeinsam mit ihnen betet, arbeitet, isst, studiert und lernt. Ich erlebe mich aber auch ganz konkret jeden Tag in einer nicht-kriegerischen Frontstellung, am Rande der großen Mehrheiten. Hier die große Gruppe der Juden, dort die große Gruppe der Muslime, dazwischen die kleine Gruppe der zwei Prozent Christen. Hier die große Fraktion der Palästinenser, dort die große Fraktion der Israelis, dazwischen die kleine Fraktion der permanent vor Ort lebenden Ausländer. Hier die Ausländer, die als Diplomaten, Journalisten und NGO-Mitarbeiter verstehen, vermitteln und verändern wollen, dort die Pilger und Touristen aus aller Welt, die sich für ein paar Tage religiös oder kulturell berühren lassen möchten – und dazwischen wir Mönche, die gekommen sind, um ein Leben lang in Jerusalem zu bleiben und inmitten des Chaos um uns herum Gott zu suchen.

Dieses Leben im Niemandsland hat natürlich auch ganz praktische Seiten. Zu uns kann man kommen, ohne damit ein Statement abzugeben. Wenn Politikerdelegationen uns besuchen, müssen sie immer darauf achten, dass sie bei einem offiziellen Israelbesuch nicht die grüne Linie überqueren, um keine missverständlichen politischen Signale auszusenden. Genau dasselbe gilt für offizielle Besuche in den Palästinensischen Autonomiegebieten, auch hier ist die Waffenstillstandslinie immer im Blick. Dieselbe strenge Zweiteilung gilt auch für die Diplomaten vor Ort. Für

Veranstaltungen in Westjerusalem ist etwa die Deutsche Botschaft in Tel Aviv zuständig, während für Events im Osten der Stadt das Deutsche Vertretungsbüro in Ramallah – so der offizielle Name für die »Botschaft« der Bundesrepublik Deutschland bei den Palästinensern – verantwortlich ist. Als Kloster inmitten der Pufferzone genießen wir das wunderbare Privileg, sowohl Diplomaten aus Tel Aviv wie auch Diplomaten aus Ramallah in offizieller Funktion bei uns begrüßen zu dürfen. Bei einem Besuch im Niemandsland tritt offensichtlich niemand dem anderen auf den Schlips. Oftmals dienen wir auch als eine Art Drehkreuz, da bei uns häufig Israel besuchende Delegationen zu Palästina besuchenden Delegationen werden, und natürlich auch umgekehrt. Das klingt alles vielleicht etwas kurios, ist irgendwie aber auch nett. Es reicht allerdings tiefer und ist für unser Kloster eine Art Lebensauftrag geworden. Unser Platz ist zwischen den Stühlen.

Ich könnte es mir auch einfach machen und den gesamten Nahostkonflikt für mich lösen, indem ich mich verbindlich für eine Seite entscheide. Zwei Optionen bieten sich dabei an:

Die erste Option ist eine klar pro-israelische Haltung. Sie räumt Israels Sehnsucht nach Selbstbestimmung und Sicherheit oberste Priorität ein. Diese mehr als berechtigte Sehnsucht gilt dann als Blankoscheck für alles Tun und Lassen der Israelis und führt zu einer unnachgiebigen Haltung gegenüber den Palästinensern.

Die zweite Option ist eine klar pro-palästinensische Haltung. Sie stellt Palästinas Sehnsucht nach Selbstbestimmung und Freiheit an oberster Stelle. Diese ebenfalls mehr als berechtigte Sehnsucht gilt dann als Blankoscheck für alles Tun und Lassen der Palästinenser und führt zu einer unnachgiebigen Haltung gegenüber den Israelis.

Ehrlich gesagt bin ich immer wieder schockiert, wie viele Menschen eine dieser beiden Optionen wählen. Besonders im Sommer 2014, als es wieder in und um den Gazastreifen herum kriegerische Auseinandersetzungen gab, wurde mir dies so deutlich wie nie: In den sozialen Netzwerken und in den Kommentarspalten der Blogs und Online-Nachrichten ging es ordentlich zur Sache. Da wurde klar Stellung bezogen, schwarz-weiß gemalt und der anderen Seite Propaganda und Fehlinformationen vorgeworfen, was das Zeug hält. Und wehe, jemand wagte es, Grautöne aufzuzeigen oder Mitleid mit den Opfern beider Seiten zu zeigen: Dieser Mensch durfte dann verbale Prügel von beiden Seiten einstecken. Genau in dieser Rolle befinde ich mich immer wieder, wenn ich täglich erneut versuche, meinen Platz zwischen allen Stühlen zu finden.

Eine große Hilfe ist mir dabei meine Gemeinde, für die ich als Auslandsseelsorger verantwortlich bin. Jeder, der in Israel und Palästina Deutsch spricht und Katholisch ist, gehört zu meiner Gemeinde. Neben den deutschsprachigen Diplomaten, Journalisten und Mitarbeitern von Nichtregierungsorganisationen gibt es aber auch Deut-

sche, die einen Israeli oder Palästinenser geheiratet haben.
Das heißt ganz konkret: Wenn ich am Samstagabend einen
Kindergottesdienst in der Krypta unserer Kirche feiere,
kann ein Teil der Kinder besser Hebräisch oder Arabisch
sprechen als Deutsch. Meine Gemeinde hat Freunde und
Verwandte, die im Gazastreifen leben und arbeiten und
von den dortigen Bombardements der israelischen Armee
berichten. Meine Gemeinde hat aber auch Freunde und
Verwandte, die an der Grenze zum Gazastreifen wohnen
und unter dem Raketenbeschuss der Hamas leiden. Ich
selbst besuchte den verwüsteten Gazastreifen und machte
mir vor Ort ein eigenes Bild, wie ich auch selbst schon oft
vor den Raketen der Hamas in die Schutzräume geflüchtet
bin. Meine Gemeinde leidet zusammen mit ihren muslimischen Freunden unter der Besatzungssituation genauso, wie meine Gemeinde zusammen mit ihren jüdischen
Freunden unter dem Terror der Hamas und anderer isla-
mistischer Gruppen leidet.

Ich gebe zu, ich fühle mich jedes Mal pudelwohl, wenn
ich in Tel Aviv oder Ramallah sein darf. In beiden Städten
kann ich mich sichtbar und sorglos als Mönch in der Öffentlichkeit bewegen und ich kann mich an keine einzige
unangenehme Begegnung erinnern. Aber mein Zuhause
ist Jerusalem. Hier ist jeder Gang vor die Tür meines Klosters eine Herausforderung. Hier treffen die verschiedenen
Wahrheiten und Erzählungen unmittelbar aufeinander.
Hier kann man sich nicht gemütlich einrichten. Hier wird

permanent Stellung bezogen. Und so bin ich jedes Mal dankbar, wenn ich nach einem intensiven Tag mit lauter Begegnungen und Herausforderungen zusammen mit meinen Mitbrüdern zum Gebet in unsere Kirche gehen kann, mich vor Gott stelle, um ihn zu suchen, aber auch um meinen Blick auf die so unterschiedlichen Menschen meiner Wahlheimat zu weiten, meinen angestammten Platz im Niemandsland wieder zu finden und im Herzen zur Ruhe zu kommen. Ich darf ehrlich bekennen, dass die vielen gemeinsamen Stunden des Psalmengebets mit meinen Mitbrüdern im Kloster für mich das beste Gegenmittel sind, um nicht sarkastisch oder gar zynisch auf diese faszinierende Region unserer Erde zu schauen, wo scheinbar eh nichts weitergeht.

Ich darf mich hier outen: Ich liebe Jerusalem! Ich liebe ihre Bewohner, auch wenn meine Liebe nicht selten auf eine harte Probe gestellt wird. Was ich an dieser Stadt und ihren Bewohner so unendlich liebe, ist ihre Unfähigkeit zur Gleichgültigkeit und zum Small Talk: Hier ist nichts egal und nichts belanglos; hier gibt es keinen faulen Frieden à la »lässt du mich in Ruhe, lass ich dich in Ruhe«; hier gibt es keine Langeweile! Hier lebt man intensiv! Ein arabisches Sprichwort hat so recht, wenn es sagt: »Ein Jahr Leben in Jerusalem zählt so viel wie zwei Jahre Leben woanders.«

Diese Liebe zu meiner Wahlheimat Jerusalem möchte ich in diesem Buch vermitteln. Ich möchte aber auch meinen Platz zwischen allen Stühlen näher erläutern. Und natürlich möchte ich auch versuchen zu erklären, wie man im 21. Jahrhundert so verrückt sein kann, Mönch zu werden.

Ausgangspunkt sind dabei zahlreiche Fragen, die mir immer wieder von Besuchergruppen gestellt werden und die ich, soweit es mir möglich ist, versuche zu beantworten.

An dieser Stelle möchte ich auch zugeben, dass es für mich das größte Kompliment wäre, wenn Sie dieses Buch am Ende beiseitelegen und eine neue Perspektive auf den Nahostkonflikt bekommen haben, und wenn Sie zudem das Gefühl haben, dass ich weder pro-israelisch noch pro-palästinensisch, sondern Pro-Mensch eingestellt bin.

1
JERUSALEM

Oder: Was fasziniert Sie an dieser Stadt?

Es gibt diese eine Frage, vor der ich mich in keinem Gespräch drücken kann, und die mir sehr zuverlässig auch immer wieder gestellt wird. Diese Frage kommt spätestens dann auf, wenn meine Gesprächspartner erfahren, dass ich vorher nirgendwo anders als Mönch gelebt habe und in Jerusalem nicht nur für eine begrenzte Zeit bleiben möchte, sondern mein ganzes irdisches Leben lang – so Gott will. Das macht viele stutzig, da Jerusalem zwar durchaus einen gewissen Reiz habe, aber ein Leben lang dort zu verweilen? Was würden denn meine Eltern dazu sagen? Ob ich nicht etwas an Deutschland vermisse? Ob ich denn diese Entscheidung revidieren könne, sollte ich merken, dass es doch nichts für mich ist?

So voraussehbar diese Frage ist, so anstrengend empfinde ich sie manchmal. Jerusalem ist für mich eben nicht nur ein freiwillig gewählter Lebensort, sondern eine Lebensberufung. Das klingt jetzt vielleicht etwas pathetisch, aber als Benediktinermönch geht es nicht anders. Benediktiner zu sein, bedeutet nicht nur die Berufung zu einem bestimmten Lebensstil, sondern immer auch zu einem konkreten Kloster an einem konkreten Ort. Ich lebe nicht einfach nur in Jerusalem, sondern ich lebe in einer Beziehung zu dieser Stadt. Daher irritieren mich manche Fragen so sehr. Wenn man Menschen fragt, warum sie ihren

25

Partner oder ihre Partnerin geheiratet haben und was deren Eltern dazu gesagt hätten, schlägt das mitunter auf die Stimmung zwischen Fragendem und Befragten. Erst recht, wenn sich die Frage anschließt, ob der Verheiratete nicht sein Singledasein vermisse und ob die statistische Wahrscheinlichkeit einer Scheidung nicht gegen eine derartige Verbindung spräche. Wie viele Beziehungen gehen denn heutzutage in die Brüche?

Ich gebe zu, dass dieser Vergleich vielleicht etwas unfair ist, da meine Gesprächspartner ja nicht dasselbe für diese Stadt empfinden wie ich. Aber mal ganz ehrlich: Wenn einen die Liebe packt, dann gibt man doch gerne einiges dafür auf und ist bereit, vieles hinter sich zu lassen – man verzichtet unter Umständen auch auf das grüne Licht vonseiten der Eltern für diese Lebens- und Partnerentscheidung. Gerade in meiner deutschsprachigen Katholischen Gemeinde hier in Israel und Palästina, für die ich als Seelsorger verantwortlich bin, gibt es nicht wenige »Liebesmutige«, die Deutschland, Österreich oder die Schweiz verlassen haben, um in Israel oder in den Palästinensischen Autonomiegebieten mit ihrem hier gefundenen Partner eine Familie zu gründen. Das sind wirklich großartige Paare und Familien, die um ihre Liebe und ihre Partnerschaft ringen und viel in diese Beziehung investieren, eben weil ihnen die Schwierigkeiten und Herausforderungen, die unterschiedliche Kulturen, Sprachen und oft auch Religionen mit sich bringen, mehr als bewusst

26

sind. Sie nehmen das aber alles in Kauf, da ihre Liebe alle Mauern und Schranken überwindet.

Damit habe ich eigentlich auch schon alles zu meiner Beziehung als Mönch mit Jerusalem gesagt. Da aber Paare ja durchaus in der Lage sind zu erzählen, warum sie sich in ihre bessere Hälfte verliebt haben und warum sie denken, dass sie die Richtige oder er der Richtige fürs Leben ist, möchte ich mich davor jetzt auch nicht drücken.

Kommen wir zum Verlieben. Ich wage mal die steile Behauptung, dass es gerade in Kirchenkreisen zwei Typen von Gläubigen gibt: den Rom-Typ und den Jerusalem-Typ – womit ich keine Wertung verbinden möchte, da die Geschmäcker ja bekanntlich verschieden sind, und das ist auch gut so. Schauen wir zuerst mal auf die »Konkurrenz«, auf Rom.

Rom ist betörend schön! Daran besteht wohl kein Zweifel. Eine Stadt mit einer langen, bewegten und bedeutungsschwangeren Geschichte. Eine Stadt, die schon immer im Zentrum stand und sich auch heute als Hauptstadt Italiens, als Sitz des Heiligen Stuhls und als Heimat vieler internationaler Organisationen hervorragend in Szene zu setzen weiß. Dieses gesamte Bedeutungsgewicht wird von einem leichten mediterranen Charme umspielt, der dieses religiöse und politische Machtzentrum so wunderbar bekömmlich macht. Symptomatisch ist für mich hierbei der Petersdom mit dem Petersplatz im Vatikan. Die Kolonnaden von Gian Lorenzo Bernini umarmen jeden freundlich und laden zum Staunen über die Schönheit der erhabenen Architektur ein, welche beim Betreten des Petersdoms noch gesteigert wird. Der Platz wie auch die Kirche sind Monumente des groß angelegten Denkens und vollendeter ästhetischer Schönheit. Rom ist wie eine Frau, welche Intelligenz, Schönheit und Charme miteinander in wunderbarer Weise vereint. Und trotzdem ist Rom nichts für mich.

Jerusalem hingegen ist nicht wirklich betörend schön. Es ist sicher faszinierend, aufregend, komplex, interessant und besonders, aber sicher nicht »schön«. Dieses Adjektiv passt, bei aller Liebe, irgendwie nicht zu Jerusalem. Ich habe bislang auch noch niemanden getroffen, der das ernsthaft behaupten würde. Jerusalem hat schöne Ecken. Ich bin bereit, diese Aussage als Kompromiss zu akzeptieren, wenn man so gar nicht auf das Wörtchen »schön« im Zusammenhang mit Jerusalem verzichten möchte. Natürlich hat Jerusalem auch eine lange, bewegte und bedeutungsschwangere Geschichte, aber während Roms Geschichte eine Geschichte von Siegen und Eroberungen ist, in der auch immer mal wieder Niedergänge und Niederlagen vorkommen, so ist die Geschichte Jerusalems die einer ständigen Eroberung und Besatzung von Fremdmächten, in der es auch immer mal wieder Phasen von Freiheit und Selbstbestimmung gab.

Jerusalem ist wie Rom ein politisches und religiöses Zentrum, doch von beiden gehen sehr unterschiedliche

Bilder durch die Medien: dort die jubelnden Menschen auf dem Petersplatz, hier Ausschreitungen um den Tempelberg. Jerusalem liegt nicht weit vom Mittelmeer entfernt, doch eine mediterrane Leichtigkeit, wie sie für Rom so typisch ist, kann man dieser Stadt nicht wirklich nachsagen. Keine Stadt ist wohl so unfähig zum Small Talk wie Jerusalem, wo sogar das Thema Wetter schnell zu einem Politikum werden kann. Symptomatisch für mich ist hierbei die Anastasis, die Grabes- und Auferstehungskirche Jesu Christi, sie sich im Herzen der Jerusalemer Altstadt befindet und eines der komplexesten Gebäude der Welt ist. Dabei meine ich gar nicht mal die heutige Situation des berühmten »Status quo«, der regelt, welche Bruderschaft der dort vertretenen sechs christlichen Konfessionen (Griechisch-Orthodox, Armenisch-Apostolisch, Franziskaner als offizielle Vertreter der Katholischen Kirche, Koptisch-Orthodox, Syrisch-Orthodox und Äthiopisch-Orthodox) wann und wo Gottesdienst feiern, entlanglaufen und putzen darf und welche muslimische Familie den Schlüssel zum einzigen noch vorhandenen Portal der Kirche verwahren und welche andere muslimische Familie sich den Schlüssel von dieser erstgenannten abholen darf, um auf- und zuzuschließen.

Ich meine das Kirchengebäude selbst, wo eine konstantinische Säule aus dem 4. Jahrhundert unmittelbar neben einer kreuzfahrerzeitlichen Säule aus dem 12. Jahrhundert steht, welche gemeinsam eine Innenkuppel aus dem

29

20. Jahrhundert stützen. Wohl kaum ein Kirchengebäude auf dieser Welt mutet so chaotisch an, wie das Kapellenwirrwarr der Anastasis. Dadurch ist sie aber auch so unglaublich geheimnisvoll, insbesondere wenn man weiß, dass nur ein kleiner Teil für die Öffentlichkeit zugänglich ist und dass sich hinter den vielen verschlossenen und halb offenen Türen noch viele weitere Kapellen und Räume befinden, zu denen man entweder tief in Zisternen hinabsteigen oder hoch auf Dächer hinaufsteigen muss.

Jerusalem ist wie eine komplizierte und vollkommen unberechenbare Diva, die sehr genau weiß, wer sie ist, die sich aber niemandem anbiedert, sondern die möchte, dass man sie umwirbt. Das ist es, was ich suche.

Vielleicht noch mal zurück zum Vergleich mit Rom. Während Rom eher wie eine Frau ist, bei der man sein Glück nicht fassen kann, mit so einer Halbgöttin voller Anmut und Harmonie zusammen sein zu dürfen, bei der aber auf Dauer auch die Gefahr der Langweiligkeit lauert, so ist Jerusalem die eben von mir beschriebene Diva, bei der man sich mehrmals am Tag fragt, warum man sich dieses Beziehungsabenteuer eigentlich antut, um sich dabei zugleich einzugestehen, dass man mit niemandem auf der Welt tauschen möchte. Rom ist die Stadt für alle, die sich nach Schönheit sehnen, Jerusalem für die, welche das Drama suchen.

Ich überlasse es gerne den Spekulationen jedes Einzelnen, welcher Typ Frau mir vor meinem Klostereintritt den

Kopf verdreht hat. Ich merke nur, dass ich mich jedes Mal innerlich total aufrege, wenn manche Menschen zum wiederholten Mal die Stereotype von sich geben, dass Priester allgemein ein Problem mit starken Frauen hätten. Das ist der größte Unsinn, der in der Welt herumgeistert!

Nun weiter zum nächsten Schritt, weiter vom Verlieben zur reifen, treuen Liebe. Jeder, der in einer Beziehung lebt, weiß, dass es Gründe gibt, warum man sich verliebt und zusammenkommt und dass es Gründe gibt, warum man zusammenbleibt. Das gilt genauso für einen Mönch: Es gibt Gründe, warum man in ein Kloster eintritt, und es gibt Gründe, warum man im Kloster bleibt und in Treue ausharrt. Ähnlich ist es mit meiner Beziehung zu Jerusalem. Verliebt habe ich mich in die faszinierende und geheimnisvolle Diva mit ihrer religiös aufgeladenen, langen und bewegten Geschichte. Meine treue Liebe gilt aber mittlerweile einer großen Diva, die auch den Mut hat, ungeschminkt ihre Verwundungen, Brüche und Verletzungen zu zeigen. Jerusalem ist für mich mittlerweile wie eine großartige Frau, die voller Energie und Leidenschaft ist, aber von den Spuren eines bewegten Lebens deutlich gezeichnet ist und diese Spuren auch nicht zu verdecken versucht.

Besonders nachts, wenn die Pilger und Touristen in ihren Hotels und die Läden der Altstadt geschlossen sind, zeigt Jerusalem seine Geschichte. Da wird auf einmal deutlich, dass sich der orientalischste Teil des Suks, des

31

arabischen Marktes im muslimischen Viertel, mit seinen vielen Gewürzständen in alten Kreuzfahrergebäuden befindet. Wenn die Läden zugeklappt sind, kann man die Zeichen an den Wänden gut erkennen, welches Gebäude einst den Tempelrittern und welches zum Konvent von St. Anna gehörte. Die Geschäftsstraße im jüdischen Viertel zeigt zeitgleich ihre römische Vergangenheit, während ein beliebter Sportplatz zwischen dem Armenischen und dem Jüdischen Viertel sich zur Abendstunde als Fundament der einst riesigen Nea-Sion-Kirche aus byzantinischer Zeit entpuppt. Jerusalem ist wie eine Zwiebel mit vielen Epochen-Schichten, und all diese Schichten sind noch da, existieren gleichzeitig, wenn man ein geschultes Auge dafür hat. Interessant ist dabei nicht nur das, was erinnert wird, sondern vor allem auch das, was eben nicht erinnert wird. Jerusalem ist nämlich nicht nur ein Erinnerungsort, sondern auch ein Verdrängungsort.

Während die einen gerne und viel von der Eisenzeit um 1000 v. Chr. und König David erzählen, aber ganz stumm und still werden, wenn es um die Bronzezeit und um Jerusalem vor 2000 v. Chr. geht, als hier verschiedene Fruchtbarkeitsgöttinnen und Wettergottheiten verehrt wurden, so erzählen die anderen gerne in der Anastasis vom Grab Adams direkt unter dem Golgota-Felsen und vergessen gerne, darauf hinzuweisen, dass die beiden Sitzbänke in dieser Kapelle eigentlich einmal die Grablegen von Gottfried von Bouillon und König Balduin waren. Und wieder andere erzählen viel über den wunderbaren Felsendom auf dem Haram al-Sharif und verschweigen geflissentlich, dass hier auch mal der jüdische Tempel stand. Bei all diesem Erzählen und Schweigen ist niemand schuldig oder unschuldig. Wirklich jeder in Jerusalem hat seine speziellen Geschichten und Narrative, die er gerne und oft erzählt, aber auch die Erzählungen und Schilderungen, welche er erfolgreich aus dem Gedächtnis verdrängt hat. Auch wenn die Menschen oft schweigen und verdrängen, so erzählen dennoch die Steine von all den Kriegen, Eroberungen, Erdbeben und Zerstörungen. Mit der Zeit bekommt man einen Blick dafür.

Dasselbe gilt übrigens auch für die Menschen. So, wie die Altstadt von Jerusalem zunächst ein chaotisches Gassenwirrwarr zu sein scheint, bis man sich in ihr wie in seiner Westentasche auskennt und weiß, wie man geschickt einer zäh fließenden Touristengruppe entkommen kann, so ist Jerusalem zu Beginn voller fremder Gestalten in fremdartigen Gewändern. Doch mit der Zeit werden diese fremdartigen Gestalten unterscheidbar: Dieser hier ist ein Breslauer Jude, dieser hingegen ein Litauer, dieser dort ist ein Koptisch-Orthodoxer Mönch, dieser da drüben hingegen ein Syrisch-Orthodoxer, dieser hier ist ein Sunnitischer Muslim, dieser da hingegen ein Druse. Schließlich erkennt man Gesichter wieder, die Gesichter bekommen Namen, die Namen Geschichten, und aus den Geschichten und Gesprächen erwachsen langsam,

33

Schritt für Schritt, Bekanntschaften bis hin zu echten Freundschaften. Diese Freundschaften sind nicht selten herausfordernd, da man neue Perspektiven kennenlernt und neue Geschichten hört – oder bekannte Geschichten anders erzählt bekommt. Jerusalem ist voller Wahrheiten. Das Problem ist nur, welche Wahrheiten man sich aussucht und weitererzählt und welche eben nicht.

Und dann ist da noch etwas in Jerusalem, was bislang nicht zur Sprache kam, da es neben den Steinen der Gebäude und Straßen und den Menschen eher untergründig mitschwingt: Jerusalem ist auch eine Heilige Stadt. Juden, Christen und Muslime aus aller Welt kommen hierher, um zu beten, Gott zu suchen und Stärkung und Trost im Glauben zu erfahren. Das Christentum zeichnet sogar in besonderer Weise aus, dass es von den drei genannten monotheistischen Religionen die einzige ist, die in Jerusalem entstand. Denn während Abraham aus Ur im heutigen Irak kommt und Mohammed aus Mekka im heutigen Saudi-Arabien, ist Jesus Christus im Heiligen Land geboren und in Jerusalem gekreuzigt worden und auferstanden.

Was diese heiligen Stätten der Christenheit betrifft, so gebe ich zu, dass mich noch nie die archäologische Perspektive »War das wirklich genau hier?« interessiert hat. Ich war immer mehr von der Wirkungsgeschichte fasziniert. Wenn ich an diesem oder jenem Ort beten oder Gottesdienst feiern darf, fühle ich mich mit Generationen vor mir, aus allen Völkern, Konfessionen und Schichten, verbunden, die sich darauf geeinigt haben, hier an dieser konkreten Stelle dieses oder jenes Ereignisses der Heilsgeschichte zu gedenken. Das sind also »durchgebetete« Orte. Oder anders formuliert: Wenn wir archäologisch herausfinden würden, dass die Kreuzigungsstelle Jesu fünfzig Meter weiter nordwestlich zu verorten ist, als bislang angenommen, fände ich es unsinnig, den Gedenkort zu verlegen. Es geht doch nicht um irgendwelche toten Steine, sondern um eine lebendige Beziehung zu Jesus Christus im Glauben!

Eine weitere Wirkungsgeschichte der heiligen Stätten, die ich sehr schätze und die mir überaus wertvoll ist, ist der Sog, den sie auf alle Gläubigen der Gesamtchristenheit über die Jahrtausende ausgeübt haben und noch heute ausüben. So bin ich unendlich dankbar dafür, dass ich in dieser Stadt zusammen mit Armenischen, Äthiopischen, Griechischen, Koptischen und Syrischen Mönchen Gott suchen darf. Ohne die heiligen Stätten wären sie nicht bereits seit Jahrhunderten hier.

Mittlerweile, nach über 12 Jahren als Mönch in Jerusalem, habe ich die rosarote Brille der Verliebtheit abgelegt, aber ich liebe Jerusalem dadurch nicht weniger, sondern eher mehr. Diese Stadt hat mir noch so viel zu erzählen und zu zeigen. Wir sind noch lange nicht am Ende. Jerusalem, du stolze, komplizierte und so verletzliche Diva, du hast einfach mein Herz erobert!

2
DIE CHRISTEN

Oder: Wie schaut es denn
mit den Christen in Jerusalem aus und
wie ist ihr Verhältnis untereinander?

Diese Frage ist in jedem Gespräch mit Besuchergruppen so sicher wie das Amen in der Kirche: Die Frage nach den Christen und nach der Ökumene, also nach dem Dialog der verschiedenen Kirchen miteinander. Ich muss dabei immer etwas in mich hineinschmunzeln, denn keine Frage wird mit größeren Sorgenfalten auf der Stirn und dramatisch ernsthafterem Tonfall gestellt als diese. Die mitschwingenden Untertöne sind nicht zu überhören: Da ist die Sorge um die abnehmende Zahl der Christen, die von allen Religionsangehörigen die wenigsten Kinder bekommen, da für alle Kinder eine optimale Ausbildung bezahlbar sein soll. Das führt wiederum dazu, dass die Christen auch diejenigen sind, die bei Schwierigkeiten am schnellsten ihre Koffer packen, um ihre Chance im Ausland zu suchen, wo ihnen nicht selten ob ihres hervorragenden Bildungsniveaus der rote Teppich ausgerollt wird.

Ja, es stimmt: Mittlerweile ist es frommes Wunschdenken, dass noch zwei Prozent der Einwohner Jerusalems Christen sind. Während sich nämlich die Einwohnerzahl Jerusalems langsam, aber sicher der Millionenmarke nähert, droht die Zahl der Christen dieser Stadt bald unter Zehntausend zu fallen. Dieses Sorgenszenario ist der eine Unterton, den ich aus dieser Frage immer wieder gut heraushören kann.

Der andere Unterton betrifft das scheinbar katastrophale Verhältnis der christlichen Kirchen zueinander. Während sich in Deutschland die Evangelische und die Katholische Kirche umeinander bemühen, raunt man sich in Jerusalem Horrorgeschichten von sich gegenseitig verprügelnden Mönchen in der Jerusalemer Anastasis – also der Grabes- und Auferstehungskirche Christi – zu, zumal das Wirrwarr der vielen fremdartigen Ostkirchen den Zugang zur Welt der Jerusalemer Christen nicht wirklich erleichtert.

Sosehr diese Frage mitsamt ihren mitschwingenden Untertönen vorhersehbar ist, so sehr freue ich mich immer wieder aufs Neue auf ihre Beantwortung, da ich ganz in meinem Element sein darf. Als Wissenschaftler beschäftige ich mich nämlich unter anderem mit dem bunten Kosmos der verschiedenen Ostkirchen, die in Jerusalem fast alle vor meiner Haustür liegen. Zudem ist mir der christliche Ost-West-Dialog ein echtes Herzensanliegen. Dank der in Wien ansässigen Stiftung »Pro Oriente« betreibe ich zusammen mit jungen Orthodoxen und Katholischen Theologinnen und Theologen aus ganz Europa intensiv diesen Dialog. Beherzt möchte ich jetzt also die Beantwortung der oben gestellten Frage angehen und hoffe, dabei nicht zu sehr wie ein Wissenschaftler zu klingen. Ich verspreche, dass ich mich kurzfasse!

Über fünfzig christliche Konfessionen beherbergt die Heilige Stadt, wobei sich dreizehn von ihnen als »alteingesessen« verstehen, da sie auf mindestens 150 Jahre Kirchengeschichte im Heiligen Land zurückblicken können. Deren Ersthierarchen – also Oberhäupter – bilden die »Heads of Churches« der Stadt Jerusalem, welche immer wieder gemeinsam die Stimme erheben und zu Frieden und Gerechtigkeit aufrufen, so auch in jüngerer Zeit im Hinblick auf Ägypten, Syrien, den Irak und auf das Heilige Land selbst. Diese meist sehr kurzen Erklärungen sind immer von folgenden Personen unterschrieben: An erster Stelle vom Griechisch-Orthodoxen Patriarchen von Jerusalem, dann vom Lateinischen Patriarchen (dies ist der Ehrentitel des Römisch-Katholischen Erzbischofs von Jerusalem), dann vom Armenisch-Apostolischen Patriarchen. Auf die Unterschriften der drei Patriarchen folgt an vierter Stelle die Signatur des »Kustos vom Heiligen Lande«, dem als Provinzial der nahöstlichen Franziskanerprovinz bereits seit dem Mittelalter von Katholischer Seite die Sorge um die Heiligen Stätten anvertraut wurde. Mit Position fünf beginnen die Unterschriften der in Jerusalem residierenden Erzbischöfe, und zwar beginnend mit der des Koptisch-Orthodoxen Erzbischofs, gefolgt von denen des Syrisch-Orthodoxen, Äthiopisch-Orthodoxen, Melkitisch Griechisch-Katholischen und schließlich des Maronitischen Erzbischofs von Jerusalem. Ab Nummer elf unterschreiben folgende Bischöfe: der Anglikaner, der Lutheraner und der Syrisch-Katholische. Am Ende der Liste findet sich die

Signatur des Armenisch-Katholischen Exarchen von Jerusalem.

Bis vor einigen Jahren gehörte auch noch der Chaldäische Exarch von Jerusalem zu den Unterzeichnern, doch leider gibt es keine Chaldäischen Gläubigen mehr in Israel und den Palästinensischen Gebieten. In Jordanien hingegen leben nun wieder Chaldäische Gläubige und mittlerweile trägt ein in Amman residierender Patriarchalvikar für sie Sorge.

Alle Katholischen Kirchen, die hier aufgezählt wurden – wozu auch die Maroniten und die Chaldäer zählen –, stehen übrigens mit dem Papst in Rom in völliger Kircheneinheit. Sie sind genauso Katholiken wie bei uns die Römisch-Katholischen Christen, haben aber einen jeweils eigenen Ritus, in dem sie Gottesdienst feiern, und besitzen auch ein eigenes Kirchenrecht. Anders ausgedrückt: Sehr viele Christen in Jerusalem sind Katholisch, aber nicht unbedingt Römisch-Katholisch. Die Römisch-Katholischen Gläubigen – zu denen ich ja auch gehöre – werden hier übrigens »Lateiner« genannt, damit man sie nicht verwechselt. Das arabische »Rum« bezeichnet nämlich Ostrom, also Konstantinopel. Ein »Rum«-Katholischer Christ ist in Jerusalem ein Griechisch-Katholischer Gläubiger und die Griechisch-Orthodoxen werden hier auch »Rum«-Orthodox genannt.

Bei den anderen christlichen Konfessionen handelt

es sich zum größten Teil um Freikirchen, wie etwa die Baptisten, Nazarener, Quäker und vor allem verschiedene Spielarten des »messianischen Judentums«. Diese haben nach dem Zusammenbruch der Sowjetunion in den Neunzigerjahren einen enormen Zuwachs erfahren, als Hunderttausende Bürger der ehemaligen GUS-Staaten nach Israel emigrierten. Unter ihnen waren schätzungsweise zwanzig Prozent Christen.

Nimmt man hinzu, dass das irdische Jerusalem auch ein religiöser Sehnsuchtsort ist, der jedes Jahr von mittlerweile beinahe drei Millionen Pilgern und Touristen aufgesucht wird und in dem zentrale Geheimnisse der jeweiligen religiösen Tradition und Heilsgeschichte verortet werden und der zugleich für alle drei großen abrahamitischen Religionen auch ein Ort der Erwartung, Wiederkunft und Vollendung ist, muss man wohl zugeben, dass auch mondäne Weltstädte wie New York mit »der Heiligen« – wie Jerusalem in der arabischen Welt genannt wird – nicht mithalten können. Mag die religiöse und konfessionelle Vielfalt New Yorks die Jerusalems sogar übertreffen, so gibt es in Jerusalem jedoch keine religiöse Diaspora-Situation. Ein Äthiopisch-Orthodoxer Christ in New York wird auch in dritter und vierter Generation wissen, dass seine religiösen Wurzeln nicht am Hudson River liegen, sondern am Blauen Nil. Diese Verwurzelung wird er auch in Jerusalem nicht vergessen, aber er wird sich in Jerusalem dennoch in berechtigter Weise religiös heimisch wissen, denn diese Stadt ist der Ursprungsort des äthiopischen Christentums – und nicht nur dieses!

Gleiches gilt übrigens für das Judentum und in abgestufter Weise auch für den Islam.

Die Gläubigen Jerusalems ergreifen durchaus die sich ihnen bietende Chance zum Dialog. Die in Jerusalem etwas später stattfindende jährliche Gebetswoche für die Einheit der Christen Ende Januar ist wohl für jeden, der daran teilnehmen darf, ein eindrückliches Erlebnis. Der Grund für die terminliche Verschiebung um eine Woche ist übrigens das Armenische Weihnachtsfest. Einige Kirchen hier folgen unserem gregorianischen Kalender, andere hingegen dem dreizehn Tage nachgehenden älteren julianischen Kalender. Das Armenisch-Apostolische Patriarchat von Jerusalem feiert am 6. Januar nach dem alten Kalender von Julius Caesar Weihnachten, also am 19. Januar nach dem heute allgemein üblichen Kalender Papst Gregors. In anderen Teilen der Welt folgt die Armenisch-Apostolische Kirche hingegen dem gregorianischen Kalender und feiert an unserem 6. Januar Weihnachten. Damit ist sie die einzige Kirche, die das im Westen entstandene Geburtsfest Jesu Christi am 25. Dezember nicht übernommen hat.

Ganz konkret bedeutet dies: Im Heiligen Land – auf der ganzen Welt einmalig – wird Weihnachten gleich drei Mal gefeiert! Zum ersten Mal am 25. Dezember. Bei den Kirchen, die sich nach dem julianischen Kalender richten, findet das »zweite Weihnachten« dreizehn Tage später statt, denn ihr 25. Dezember ist unser 7. Januar. Die Armenische Kirche kennt kein separates Weihnachtsfest, sondern feiert dieses zusammen mit Epiphanie am 6. Januar des julianischen Kalenders, also an unserem 19. Januar.

Doch nun zurück zur Gebetswoche für die Einheit der Christen: An jedem Tag dieser Gebetswoche findet das Gebet und der anschließende Empfang bei einer anderen Kirche statt. Da eine Woche für die kirchliche Vielfalt dieser Stadt aber viel zu kurz ist, tun sich manche Kirchen zusammen. So gestalten etwa die Koptisch-Orthodoxe Kirche und die Syrisch-Orthodoxe Kirche ihren Gottesdienst seit Jahren gemeinsam. Auch die Vertreter der anderen Kirchen werden immer aktiv mit einbezogen – so durfte ich beispielsweise bereits mehrfach während der Einheitsgebetswoche in der Kathedrale der Äthiopisch-Orthodoxen Kirche das Evangelium auf Deutsch verkünden, im klassischen lateinischen Vortragston. Ein Höhepunkt dieser Gebetswoche ist sicher das von uns Mönchen und Studierenden vorbereitete Gebet im Abendmahlssaal, welches keinen klassischen Gastgeber hat, da alle Anwesenden gleichermaßen Gäste in diesem staatlich verwalteten Gebäude sind, das zu diesem seltenen Anlass als Gebetsraum genutzt werden darf.

An dieser Stelle sollte ich nicht verschweigen, dass leider das Griechisch-Orthodoxe Patriarchat von Jerusalem an dieser Gebetswoche bislang nicht teilnimmt. Immerhin lädt es seit einigen Jahren einen Tag vor Beginn der Woche zur Teilnahme an der täglichen Vesper auf Golgota ein und bewirtet im Anschluss alle Gäste mit Gebäck und Kaffee.

Neben der Gebetswoche für die Einheit der Christen gibt es darüber hinaus eine gut funktionierende »Besuchsökumene«. Sowohl nach den drei verschiedenen Weihnachtsfesten als auch nach den in den meisten Jahren auseinanderliegenden Osterfesten ist es Brauch, dass die Vertreter der einzelnen Kirchen gemeinsam die anderen Kirchen besuchen, um Festtagswünsche zu überbringen, Höflichkeiten auszutauschen und zusammen einen Kaffee zu trinken. Dasselbe geschieht, wenn eine Kirche ein außerordentliches Fest feiert oder hohen Besuch erhält, der am Jaffator empfangen, zur Grabes- und Auferstehungskirche geleitet und dort von den Vertretern der verschiedenen Kirchen willkommen geheißen wird. Anders ausgedrückt: Auf protokollarischer Ebene funktioniert die innerchristliche Ökumene nahezu vorbildlich.

Zum Glück beschränken sich die christlichen Kirchen aber nicht auf dieses Protokoll. Besonders wir Mönche der verschiedenen christlichen Konfessionen grüßen uns selbstverständlich auf der Straße und nehmen uns Zeit für ein kurzes Gespräch, wir besuchen uns regelmäßig, laden uns gegenseitig zu unseren klösterlichen Mahlzeiten ein und nehmen selbstverständlich an den Gottesdiensten und Feiern der anderen teil, wenn etwa wieder mal eine Mönchs- oder Priesterweihe irgendwo ansteht.

Auch besuche ich jedes Jahr mit unseren Studenten die einzelnen Ersthierarchen der verschiedenen Ostkirchen, die alle in Personalunion zugleich auch Äbte ihrer jeweiligen Bruderschaften sind. Diese überdurchschnittlich gut funktionierende und wahrhaft lebendige Ökumene hat ihren Ursprung darin, dass die Lebensform »Mönch« uns stärker miteinander verbindet, als die konfessionelle Verschiedenheit uns voneinander trennt. Ein koptischer Mönch brachte es mir gegenüber einmal so auf den Punkt: »Wir sind älter als jede Kirchenspaltung!« So ist es wohl kein Wunder, dass wir uns hin und wieder sogar gegenseitig in den Noviziatsunterricht einladen, um der jungen Mönchs-Generation die globale und damit wahrhaft ökumenische Dimension des Mönchtums zu veranschaulichen und bewusst zu machen.

Es gibt natürlich auch eine lebendige Ökumene auf anderen Ebenen. Auf der einen Seite schaffen es die »Heads of Churches« als christliche Führer immer wieder, gemeinsam Zeugnis abzulegen und als Christen mit einer Stimme zu sprechen, wenn es um Fragen von Gerechtigkeit und Frieden geht. Auf der anderen Seite praktizieren die Gläubigen an der Basis in Jerusalem ein sehr unkompliziertes ökumenisches Miteinander, da es für die christliche Minderheit bei familiären Plänen lediglich wichtig ist, ob der oder die andere Christ oder Christin ist, nicht jedoch, welcher Konfession er oder sie angehört. So sind multikonfessionelle christliche Familien mittlerweile die

Regel und nicht mehr die Ausnahme. Dass auch die Seelsorger die damit verbundenen Herausforderungen erkannt haben, zeigen die vielfältigen ernsthaften und konkreten Bemühungen, in der Region einen einheitlichen
Oster- und Weihnachtstermin zu finden, damit die christlichen Großfamilien diese hohen Feste zusammen feiern
können. Gerade in den ländlichen Gegenden haben sich
hier schon seit einigen Jahren verschiedene pragmatische
Lösungen etabliert.

Bei all dem Positiven möchte ich jedoch die weniger
positiven Seiten nicht verschweigen. So vermisse ich persönlich sehr schmerzlich einen echten theologischen oder
geistlichen Dialog. Vieles bleibt an der Oberfläche und
hat den Charakter eines »ökumenischen Small Talks«. Als
Einstiegsthema muss in dem Fall zwar nicht das wenig
Überraschungen bietende Wetter herhalten, sondern Fragen von Gerechtigkeit und Frieden. Doch die eigenen Sorgen in diesem Bereich drückt man nur allgemein aus, das
ist allseits akzeptierter Konsens. Möchte man jedoch im
Gespräch Fragen des offiziellen theologischen Dialogs an-
sprechen oder überhaupt ein theologisch tiefer gehendes
Gespräch führen, hört man regelmäßig den Hinweis, dass
wir hier vor Ort viel zu wenige seien und man vollkommen mit den Fragen des alltäglichen Lebens und Überle-
bens beschäftigt wäre, sodass man für derartige Gespräche keine Ressourcen mehr habe. Der echte ökumenische
Dialog sei in Rom, Beirut und Wien zu finden, nicht je-

doch in Jerusalem. Hier seien andere Themen vordringlicher – und schon ist man wieder bei allgemeinen Fragen von Gerechtigkeit und Frieden … Zum Glück gibt es auch die »Mönch-zu-Mönch-Ökumene«, in der wenigstens gemeinsame geistliche Erfahrungen geteilt werden können, was ich außerhalb dieser sehr speziellen Ökumene in Jerusalem leider noch nicht erleben durfte.

Skandalös sind auch so manche pastoralen Härten und ökumenischen Affronts. Leider kommt es immer noch regelmäßig vor, dass manche Kirchen bei der Konversion eines Partners – meist der Ehefrau im Zusammenhang mit einer bevorstehenden Eheschließung – auf eine Wiederholung der Taufe drängen.

Für die Außenwelt schwer nachvollziehbar sind darüber hinaus die von Eitelkeit und Machtspielen geprägten Konflikte an den Heiligen Stätten, wie zum Beispiel die medial breitgetretenen sich prügelnden Mönche in der Anastasis. Hier legen die Christen ein beschämendes Zeugnis ab. Zur Verteidigung muss man aber sagen, dass diese Konflikte in jüngerer Zeit signifikant weniger geworden sind und dass ein erneuter Vorfall mittlerweile auf allen Seiten Bestürzung und Scham auslöst und nicht mehr Stolz und Rechthaberei. Die Einigung, in Bethlehem die Geburtsbasilika nun endlich zu konservieren und zu restaurieren, stimmt hoffnungsfroh für die Zukunft, was das Miteinander der Konfessionen an den sogenannten Status quo-Orten betrifft. Dies sind die Orte, an denen

sich mehrere Konfessionen oder Religionen einen Gottesdienstraum teilen oder gar gemeinsam nutzen, nämlich
die Anastasis in Jerusalem, das Mariengrab im Kidrontal,
die Himmelfahrtsmoschee auf dem Ölberg und die Geburtsbasilika in Bethlehem.

Natürlich gibt es auch vereinzelte Orte, wo man in Jerusalem einen echten innerchristlich ökumenischen Dialog
mit theologischem und spirituellem Tiefgang finden kann,
er leidet aber unter denselben Problemen wie der inter-
religiöse Dialog: Zum einen wird dieser Dialog haupt-
sächlich von Theologen – meist Katholischen Ordensleu-
ten – aus dem Ausland getragen, und zum anderen hat
er ein Nachwuchsproblem. So bin ich zum Beispiel selbst
Mitglied in zwei Wissenschaftlerzusammenschlüssen, die
sich dem jüdisch-christlichen Dialog verpflichtet wissen.
Beide wurden Ende der Sechzigerjahre als Reaktion auf
die Erklärung »Nostra aetate« des Zweiten Vatikanischen
Konzils gegründet, in der die Katholische Kirche die
nicht-christlichen Religionen, vor allem das Judentum,
erstmals in einem völlig neuen und positiven Licht sieht.
Das Problem ist, dass sich in Europa geborene christliche
Theologen mit in den USA geborenen jüdischen Theologen treffen, die zum größten Teil ihren 70. Geburtstag bereits feiern durften. So engagiert bei diesen Treffen auch
diskutiert wird, so wenig besteht eine Rückbindung zu den
in der aktiven Lehre und Forschung stehenden einheimischen Theologen beider Seiten. Bei der innerchristlichen

Ökumene sieht es sogar noch bitterer aus: Hier bestehen manche Zusammenschlüsse nur auf dem Papier fort, ohne dass sie in irgendeiner Weise noch aktiv arbeiten würden.

Es gibt eine Erfahrung, die alle Christen in Jerusalem in ökumenischer Einmütigkeit leider machen müssen: eine zunehmend aggressive anti-christliche Gewalt von einigen national-religiösen jüdischen Splittergruppen. Gerade in den letzten zwei Jahren haben Verbal- und Spuckattacken gegen Nonnen und Mönche – gleich welcher Konfession –, blasphemische Schmierereien an Kirchenwänden, Zerstörungen von Kreuzen auf christlichen Friedhöfen und nicht zuletzt auch Brandsätze gegen Klosterpforten und Kirchenportale zugenommen. Sogar zu körperlichen Angriffen ist es bereits vereinzelt gekommen. In einem eigenen Kapitel werde ich darauf noch einmal ausführlicher eingehen.

Diese gemeinsam erlittenen Erfahrungen lassen viele Christen ratlos werden, zumal ein echter politischer Wille zur konsequenten Strafverfolgung in diesen Fällen nicht immer zu erkennen ist. Hinzu kommt, dass auch unter den Muslimen Radikalisierungstendenzen zu beobachten sind, die das traditionell gute Miteinander von Christen und Muslimen massiv infrage stellen. Kurz gesagt: Die Kirchen von Jerusalem sind momentan auf dem besten Weg, wieder eine Kirche unter dem Kreuz zu werden. So hart es klingen mag, die zunehmende Gewalt und wachsende Ungerechtigkeit hat die Kirchen Jerusalems näher zueinander gebracht. Wenigstens in Fragen von Gerechtigkeit und Frieden haben die Kirchen zu einer gemeinsamen Stimme gefunden.

Es gibt aber auch einen anderen positiven Effekt: Die Kirchen werden auf einmal von den Nicht-Christen neu wahrgenommen. Standen früher die sich prügelnden Mönche in der Grabes- und Auferstehungskirche als verfestigtes Klischee von den Christen Jerusalems im Raum, entdeckt man mehr und mehr das reiche, jahrhundertealte Erbe der verschiedenen Kirchen, das zu verschwinden droht. Man beschäftigt sich auf einmal intensiv mit dem Erhalt der in den Jerusalemer Klöstern vorhandenen kostbaren Handschriften und überhaupt rückt alles Christliche in Jerusalem immer mehr in den Fokus des Interesses, und seien es auch die zahlreichen Klostergärten! So hat sich vor einigen Jahren eine eigene Forschungsgruppe von jungen israelischen Nachwuchswissenschaftlern formiert, welche sich interdisziplinär mit dem gegenwärtigen Christentum im Heiligen Land intensiv beschäftigt.

Gerade die zunehmenden Schwierigkeiten für die Christen in Jerusalem und die vielen verzerrten und vorurteilsbeladenen Vorstellungen über den Glauben dieser zweiprozentigen Minderheit machen mehr als deutlich, dass sowohl der Dialog zwischen den Christen als auch der Dialog der Christen mit ihren jüdischen und muslimischen Nachbarn dringend intensiviert werden muss – und zwar auch außerhalb des Protokolls. Die Bereitschaft zum Dialog ist für Christen alternativlos!

Ein Blick auf die Beziehungen der Religionen und Konfessionen Jerusalems in der Vergangenheit fördert viel Verwundung und zahlreiche Leidensgeschichten zutage, die sich über Generationen hinweg zu Erzählungen verfestigt haben, die nun einander unversöhnlich gegenüberstehen. Nicht selten trifft hier eine Opfergeschichte auf eine andere. Die Auseinandersetzung mit der eigenen Vergangenheit und jener der anderen wird auch noch in Zukunft eine wichtige Aufgabe bleiben, um Schritt für Schritt das Gedächtnis zu reinigen und zu heilen, in der Hoffnung, irgendwann zusammen mit den anderen eine gemeinsame Geschichte erzählen zu können.

Es bleibt nur zu hoffen, dass die Christen in all ihrer faszinierenden Buntheit mutig auf diesem Weg des Dialogs bleiben und sich nicht immer mehr in ein freiwillig gewähltes Ghetto zurückziehen oder gar auswandern, da sie kein Vertrauen mehr in die Versöhnung und die Freundschaft mit den beiden großen Mehrheitsreligionen Judentum und Islam haben. Als hervorragend ausgebildete Minderheit haben sie Zukunft. Es ist gut, dass alle Kirchen sich stark im Bildungsbereich engagieren und ihre Kindergärten, Schulen und Universitäten nicht nur für Christen da sind. Wenn die Jüdin, die Christin und die Muslimin keine fremden Wesen sind, sondern die Klassenkameradinnen, mit denen man sich gut versteht, dann sind die Grundlagen für eine gemeinsame Zukunft gelegt!

3
DIE DORMITIO-ABTEI

Oder: Wie viele Mönche sind Sie eigentlich noch?

Auf diese Frage warte ich regelrecht, da sie mir wirklich in so gut wie jedem Gespräch gestellt wird. Am besten ist dabei das kleine Wörtchen »noch«. In den Köpfen vieler deutscher Besucher scheint Kirche ein Abbruchprojekt zu sein, bei dem man lediglich erkundet, was noch vorhanden ist und was eben nicht mehr. Die Frage zeigt eigentlich schon die ganze Tragik auf – nicht-deutsche Gruppen stellen diese Frage nämlich nie.

Es macht mir jedes Mal eine diebische Freude, darauf zu antworten: »Mittlerweile sind wir 23 Mönche. Ein absoluter Höchststand in unserer über einhundertjährigen Klostergeschichte.« Dann weise ich auch gerne darauf hin, dass ich mit meinen 36 Lebensjahren und 12 Mönchsjahren eher zum Mittelfeld unseres Klosters gehöre, da über ein Drittel meiner Mitbrüder erst nach mir ins Kloster eingetreten ist und davon viele sogar jünger sind als ich.

Bevor die Fragesteller wieder zu Wort kommen, betone ich auch immer gerne, dass wir kein deutsches Kloster sind, sondern ein internationales mit deutscher Sprache, was an unserer Gründungsgeschichte liegt. So ist unser derzeitiger Abt – also der auf acht Jahre von uns gewählte Obere der Gemeinschaft – ein Ire aus Belfast. Zu unserem Kloster gehören aber auch ein US-Amerikaner, zwei Polen, ein Ungar-Slowake und ein Franzose. Bis vor

Kurzem gab es auch noch einen Kroaten, der aber letztes Jahr im gesegneten Alter von fast 94 Jahren von uns heimging. Wenn man dann noch auf die deutschen Mitbrüder schaut, findet man vom Saarland bis Berlin, von Westfalen bis zum Allgäu und von Düsseldorf über Köln, Trier, Speyer, Fulda und Mainz bis Regensburg alle möglichen Landsmannschaften in einer Gemeinschaft vereint.

Wenn diese ersten Informationen sacken konnten, kommen ziemlich sicher die zwei folgenden Fragen: Seit wann gibt es unser Kloster und welchen Aufgaben gehen wir nach? Nicht wenige wollen dann auch wissen, ob wir uns wirklich auf *dem* Zionsberg befinden, von dem die Bibel so oft spricht.

Die Dormitio-Abtei auf dem Zionsberg

Zu all diesen Fragen möchte ich nun gerne Rede und Antwort stehen, zumal ein Mönch ohne sein Kloster nicht zu verstehen ist. In aller gebotenen Kürze werde ich versuchen, die Geschichte, Gegenwart und Zukunftshoffnung meiner Gemeinschaft, der deutschsprachigen Benediktiner vom Zion und in Tabgha, dieser einen Gemeinschaft an zwei Orten, zu skizzieren.

Das Lebensprogramm der Mönche vom Zion ist ganz wesentlich von der Tradition des Ortes bestimmt, an den sie sich für ein Leben lang in Treue gebunden haben: der Südwesthügel Jerusalems, der im Frühmittelalter den Namen »Zionsberg« vom Tempelberg übernommen hat, welcher der eigentliche »Zion« ist, von dem die Bibel spricht. Diese »Namenswanderung« haben alle drei großen monotheistischen Religionen in Jerusalem mitvollzogen, sodass Juden und Muslime auf dem heutigen Zionsberg in den Räumlichkeiten unter dem Abendmahlssaal das Grab Davids verehren, da sie im Hochmittelalter aufgrund der Bezeichnung »Zionsberg« hier den Palast Davids vermuteten. Für die Christen war dieser Zion jedoch seit frühester Zeit der Ort des Letzten Abendmahls, der Ort, an dem Jesus seinen Aposteln die Füße wusch, und der Ort, an dem der Heilige Geist am Pfingsttag auf die Jünger herabkam – und eben der Ort, an dem das sogenannte Apostelkonzil stattfand, an dem die Jerusalemer Urgemeinde lebte und in deren Mitte auch die Mutter Jesu wohnte und entschlief.

All diese Traditionen führten im 5. Jahrhundert zum Bau einer ersten byzantinischen Kirche, die sich stolz als »Mater omnium ecclesiarum«, Mutter aller Kirchen, bezeichnete. Dieser mächtige Kirchenbau umfasste das Areal der heutigen Dormitio-Basilika fast vollständig und integrierte darüber hinaus den Abendmahlssaal als Anbau: Archäologische Überreste dieser 415 geweihten Hagia-Sion-Kirche sind noch heute in der Dormitio-Abtei zu sehen. Die byzantinische Kirche wurde jedoch schon früh zerstört, wahrscheinlich 614 durch die Perser. Erst die Kreuzfahrer erbauten an ihrer Stelle, wenn auch ein klein wenig versetzt, im 12. Jahrhundert die nicht weniger imposante Kirche Sancta Maria in Monte Sion, die aber durch die Vertreibung der Kreuzfahrer bald ebenfalls zur Ruine wurde. So stand bis ins 19. Jahrhundert lediglich der zweistöckige Coenaculum-Gebäudekomplex mit dem Abendmahlssaal im Ober- und dem Davidsgrab im Untergeschoss inmitten eines Ruinenfeldes, einsam vor den Toren der Stadt auf dem Zionsberg.

Erst im 19. Jahrhundert erwachte das Interesse an diesem traditionsgesättigten heiligen Ort erneut. Auf Initiative des Deutschen Vereins vom Heiligen Lande erwarb der Deutsche Kaiser Wilhelm II. für 120 000 Mark persönlich von Sultan Abdul Hamid das Gelände gegenüber dem von den Muslimen damals hoch verehrten Davidsgrab. Bei seiner Orientreise nahm er das Grundstück am Nachmittag des 31. Oktobers 1898 feierlich in Besitz, nachdem

er am Vormittag desselben Tages die evangelische Erlöserkirche in der Jerusalemer Altstadt eingeweiht hatte. Er
wollte damit einen klaren Beitrag zur Überwindung des
Kulturkampfes im Deutschen Reich leisten und eindeu-
tig dokumentieren, dass er Kaiser aller Deutschen sein
wollte, der Protestanten wie der Katholiken. Der Kaiser
beeinflusste als persönlicher Eigentümer des Grundstücks
den weiteren Verlauf der Bauplanungen. So sprach er sich
persönlich für den Kölner Diözesanbaumeister Heinrich
Renard als Architekten aus, der bereits im Frühsommer
1899 in Jerusalem eintraf und schon ein Jahr später ans
Werk ging. Schon am 10. April 1910 konnte die Dormitio-Kirche durch den Lateinischen Patriarchen geweiht
werden. Ihre Architektur kann ihr direktes heimatliches
Vorbild in der St.-Gereons-Kirche in Köln nicht verleug-
nen. Dass am 21. März 1906 die ersten Benediktinermönche der Beuroner Kongregation mit dem klösterlichen
Leben vor Ort begannen – und kein anderer Orden – ist
ebenfalls maßgeblich auf das persönliche Drängen Kaiser
Wilhelms II. zurückzuführen. Erst 1924 wurde das Grundstück dem Erzbischöflichen Stuhl von Köln übereignet.

Das Leben der ersten vier Mönche und ihrer Nachfol-
ger sollte in den kommenden Jahrzehnten ein ständiger
Kampf ums Überleben werden: 1918 bis 1921 wurden die
Mönche zum ersten Mal in ihrer Geschichte evakuiert
und interniert. Das Kloster wurde in der Zwischenzeit von
belgischen Benediktinern übernommen. Am 15. August

1926 wurde das Kloster zur Abtei innerhalb der Beuroner Kongregation erhoben. 1939 bis 1945 erfolgte die zweite Internierung der deutschen Mönche, nur die nicht-deutschen Mitbrüder durften bleiben.

Infolge des Unabhängigkeitskrieges Israels kam es 1948 zur dritten, diesmal vollständigen Räumung und Internierung. Erst im Februar 1951 durften die Benediktiner in die Abtei zurückkehren, die durch die Kriegsereignisse schwer beschädigt worden war. Sie war nach dem Waffenstillstand Militärzone geworden. Im selben Jahr wurde die Abtei von der Beuroner Kongregation abgetrennt und direkt dem Abtprimas in Rom unterstellt. 1967, während des Sechstagekriegs, lag die Abtei abermals im Feuer der Kriegsparteien und erlitt erneut zahlreiche Schäden. In jüngerer Zeit stellten die Ereignisse um die Erste und Zweite Intifada die Mönchsgemeinschaft vom Zion auf eine harte Belastungsprobe und aktuell machen uns vermehrt anti-christliche Attacken das Leben schwer. Dennoch haben die Mönche der Dormitio all die Jahre hindurch ihrer Gemeinschaft und ihrem Kloster die Treue gehalten, und auch – und besonders – in schwierigsten Zeiten haben sich immer wieder junge Männer auf den Weg gemacht, um ein Leben als Benediktinermönch auf dem Zionsberg zu beginnen. Und sie sind geblieben.

Das heutige Wirken und die geistliche Berufung der Mönche vom Zion sind ganz und gar von der Tradition dieses Heiligen Ortes geprägt. Durch die unmittelbare

Nachbarschaft zum Abendmahlssaal, wo Jesus mit seinen Jüngern das Letzte Abendmahl feierte, hat sich für
die Benediktiner der Dormitio die würdige Feier der Liturgie, sowohl der Eucharistie wie auch des Chorgebets,
zu einem wichtigen Schwerpunkt entwickelt. Regelmäßig
ringt die Mönchsgemeinschaft um die angemessene Feier
der Mysterien Christi im Geist des Zweiten Vatikanischen
Konzils. Nicht zuletzt durch die profunde kirchenmusi-
kalische Ausbildung aller Brüder erleben die Pilger eine
Mitfeier der Liturgie in der Dormitio-Basilika als eine be-
rührende und stärkende Erfahrung.

Der Abendmahlssaal ist aber auch der Ort, an dem
Jesus seinen Jüngern die Füße wusch. Aus diesem Grund
fühlt sich die Gemeinschaft der Dormitio ebenso zu einem diakonischen Engagement verpflichtet. Unbürokra-
tisch werden in Not geratene Familien in Bethlehem und
Jerusalem finanziell und sozial unterstützt. Am bekann-
testen ist wohl die Aktion »Ich trage deinen Namen in der
Heiligen Nacht nach Bethlehem«. Dabei begeben sich die
Mönche vom Zion in der Weihnachtsnacht mit einer Rolle, die viele Tausend Namen von Menschen enthält, von
der Dormitio zur Geburtsgrotte, um für all diese Menschen zu beten. Dieser Gang ist immer auch mit einer
Spendenaktion für verschiedene Sozialprojekte in Bethlehem verbunden.

Schließlich ist der Abendmahlssaal auch der Ort der
Geistsendung, des Pfingstgeschehens. So haben die Be-

nediktiner der Dormitio-Abtei nicht nur den Auftrag, geistliches Zentrum zu sein, dem sie sich durch die Betreuung der Katholischen Deutschsprachigen Auslandsseelsorge und zahlreicher geistlicher Angebote, vor allem durch die geistliche Begleitung vieler Christen, und hier insbesondere der im Land lebenden Ordensleute, stellen, sondern auch die Verpflichtung, im geistigen Bereich ein Leuchtturm zu sein. Hier ist in erster Linie das seit 1973 bestehende, sehr renommierte Theologische Studienjahr zu nennen, an dem jedes Jahr etwa zwanzig Theologiestudenten des deutschsprachigen Raums teilnehmen, Katholische wie Evangelische Studierende gleichermaßen.

Die Dozenten kommen aus der ganzen Welt, um die Teilnehmer des achtmonatigen Intensivstudiums, für das man sich erst durch ein strenges Auswahlverfahren beim Deutschen Akademischen Austauschdienst qualifizieren muss, mit den aktuellen Strömungen der Bibelwissenschaft, Archäologie, Ökumenischen Theologie, Ostkirchenkunde, Judaistik und Islamwissenschaft vertraut zu machen. Viele Theologieprofessorinnen und -professoren des deutschen Sprachraums sind ehemalige Absolventen dieses Programms, das mit dem »Forum Studienjahr« auch einen wissenschaftlich sehr aktiven Alumniverein besitzt. Eine Vielzahl meiner Mitbrüder vom Zion ist in den verschiedensten theologischen Fächern in Forschung und Lehre involviert, nachdem sie oft selbst einmal Teilnehmer des Studienjahrs gewesen sind – so wie ich selbst vom August 2000 bis zum April 2001, noch vor meiner Zeit als Mönch. Viele meiner Mitbrüder unterrichten zudem an den anderen akademischen Institutionen in der Stadt – und natürlich darf an dieser Stelle auch nicht das seit Mai 2011 an der Dormitio wieder angesiedelte Jerusalemer Institut der Görres-Gesellschaft unerwähnt bleiben.

Der Zionsberg mit dem Coenaculum-Gebäude ist nicht zuletzt aber auch das Zentrum der christlichen Urgemeinde und durch das hier lokalisierte Davidsgrab auch ein heiliger Ort für Juden, Christen und Muslime. Hieraus ergibt sich für die Mönchsgemeinschaft eine alternativlose Berufung zum Engagement in der innerchristlichen Ökumene und zum »Trialog« der drei großen abrahamitischen Religionen. Diesem Auftrag stellt sich jeder Bruder auf seine Weise: sei es durch das Eingebundensein in Dialog-Netzwerken vor Ort, sei es durch die Zusammenarbeit an gemeinsamen Projekten jenseits von Konfessions- und Religionsgrenzen, und nicht zuletzt durch viele persönliche Freundschaften in die israelische und palästinensische Gesellschaft hinein, die mit der Zeit gewachsen sind und in denen diese Fragen immer wieder als Gesprächsthema auftauchen.

Die Dormitio-Basilika selbst ist der Ort der Entschlafung Mariens, den täglich viele Tausend Pilger aufsuchen. »Dormitio Beatae Mariae Virginis«, Entschlafung(sort) der Seligen Jungfrau Maria, ist der vollständige Titel unserer Kirche und unserer Abtei, also unseres Hauptklosters. Dass die Kirche nicht »Sterbeort der Seligen Jungfrau Maria« heißt, liegt übrigens an einer Diskussion, die um die Wende vom 19. zum 20. Jahrhundert geführt wurde und heute nicht mehr ganz einfach nachzuvollziehen ist. Daher möchte ich sie hier auch nicht im Einzelnen darstellen, nur kurz so viel: Wie soll man das irdische Ende eines Menschen, der ohne Sünde ist, nennen, wenn der Tod Folge der Sünde ist?

Viele Pilgergruppen bitten um eine Begegnung mit einem an diesem Ort lebenden Mönch, andere möchten an dieser Stätte die Eucharistie feiern. Auch vielen jüdischen Israelis ist dieser Ort durch die häufig stattfindenden Konzerte am Sabbat zu einem Begriff geworden. So scheint in jüngster Zeit die Völkerwallfahrt zum Zion zuzunehmen. Vielleicht ist es die Atmosphäre des Friedens, welche die zahlreichen Menschen anzieht. Mit dem alle zwei Jahre von der Abtei ausgelobten »Mount-Zion-Award« für Friedensarbeit im Heiligen Land haben wir Benediktiner vom Zion auch diese Aufgabe als eine wichtige Säule unserer Berufung erkannt. So ist ein Wort des Prologs der Benediktsregel zu einem kostbaren Satz für viele Mitbrüder geworden: »Inquire pacem et sequere eam« – Suche Frieden und jage ihm nach! (Regula Benedicti Prolog 17).

Die Dormitio ist aber nicht vollständig ohne ihr zweites Kloster im Heiligen Land, unser abhängiges Priorat Tabgha direkt am See Genezareth, wo ich selbst eher seltener bin, das ich aber auch voll und ganz in mein Herz geschlossen habe. Warum? Ich denke, dem Zauber von Tabgha kann man sich nur sehr schwer entziehen:

»Dort liegt oberhalb des Meeres eine Wiese mit viel Gras und vielen Palmen und nahe dabei sieben Quellen, von denen jede einzelne ununterbrochen fließt. Auf dieser Wiese sättigte der Herr das Volk mit fünf Broten und zwei Fischen. Und in der Tat, der Stein, auf den der Herr das Brot legte, ist nun zum Altar gemacht worden. Von dem Stein nehmen die, die kommen, kleine Stücke für ihr Heil; und es nutzt allen. Nahe bei den Mauern dieser Kirche führte die öffentliche Straße vorbei, wo der Apostel Matthäus seine Zollstation hatte. Dort auf dem Berg in der Nähe liegt die Höhle, zu der der Erlöser hinaufstieg und die Seligpreisungen sprach« (tradiert durch Petrus Diaconus: FC 20, 337 f.). – So beschreibt die spanische Nonne Egeria, die von 381 bis 384 ausführlich den gesamten Nahen Osten als Pilgerin bereiste, die Gegend des heutigen Tabgha. Der Name leitet sich übrigens von den bis heute sprudelnden sieben warmen Quellen ab, die dem Ort den Namen »Heptapegon« (griechisch für »Siebenquell«) gaben, der dann zu »Tabgha« verschliff.

Die Kirche, die Egeria vorfand, war wahrscheinlich um 350 im syrischen Stil als sehr einfacher Bau errichtet worden. Durch die von Egeria ebenfalls erwähnte, dicht an Tabgha vorbeiführende Römerstraße war der Raum für einen Kirchenbau sehr begrenzt. So musste sich auch die in der zweiten Hälfte des 5. Jahrhunderts im byzantini-

67

Das Priorat Tabgha am See Genezareth

schen Stil errichtete, wesentlich größere Kirche mit dem Straßenverlauf arrangieren: Die Ausrichtung der Kirche wurde um fast 17 Grad geändert und der hoch verehrte Altarstein wurde aus seinem Bett getrennt und etwas versetzt, um über ihm den neuen Altar errichten zu können. Diese Kirche erhielt sowohl zwei Seitenschiffe als auch ein Querschiff, einen Vorraum, mehrere Nebenräume und ein Atrium.

Besondere Erwähnung verdienen dabei die damals verlegten Bodenmosaiken von herausragender Qualität, die zum Großteil bis heute erhalten sind. Weltberühmt ist das Mosaik direkt vor dem Altar mit der Darstellung der zwei Fische und des Brotkorbes, das an die Brotvermehrung erinnert. Nicht weniger bemerkenswert sind die kunstfertigen Abbildungen von Fauna und Flora der Seenlandschaft in den Seitenschiffen, die in ägyptischer Motiv-Sprache gehalten sind. Dabei weckt vor allem die Wiedergabe eines Nilometers im südlichen Seitenschiff die Neugier vieler Besucher: ein Wasserstandsanzeiger für den Nil, wie sie heute nur noch selten, etwa in Kairo, zu finden sind.

Diese zweite Kirche wurde wohl in der ersten Hälfte des 7. Jahrhunderts, vermutlich durch die Perser, die 614 ins Heilige Land einfielen, zerstört. Die heiligen Stätten am See Genezareth, die in byzantinischer Zeit noch Ziel etlicher Pilgerinnen und Pilger gewesen waren, gerieten unter der wenig später beginnenden arabischen Herrschaft bald in Vergessenheit – und mit ihr auch die unter Schutt begrabenen wunderschönen Mosaike von Tabgha.

Im 19. Jahrhundert erwachte in Europa das Interesse für das Heilige Land neu. Der in dieser Zeit gegründete Deutsche Palästinaverein, der im heutigen Deutschen Verein vom Heiligen Lande fortbesteht, erwarb 1889 ein Grundstück in Tabgha, das seit 1939 von den deutschsprachigen Benediktinern der Dormitio-Abtei in Jerusalem betreut wird. 1911 entdeckte man bei ersten Ausgrabungen durch die Görres-Gesellschaft die Grundmauern der byzantinischen Kirche und die alten Mosaike. Der Erste Weltkrieg, das Ende der Osmanischen Herrschaft und der Beginn des britischen Protektorats in Palästina unterbrachen die

Arbeiten für fast zwanzig Jahre. Erst 1932 konnten alle Mosaike, wiederum durch die Görres-Gesellschaft – was ich als derzeitiger Direktor des so traditionsreichen Jerusalemer Instituts der Görres-Gesellschaft mit großem Stolz sehr gerne betone –, vollständig freigelegt werden. 1936 wurden schließlich bei Restaurierungsarbeiten an den Mosaiken die darunterliegenden Reste der ersten Kirche aus dem 4. Jahrhundert entdeckt, die heute an zwei Stellen der Kirche durch einen Glasfußboden zu sehen sind. Zum Schutz der wertvollen Mosaike wurde der Bau einer hölzernen Notkirche unumgänglich.

Da die Notkirche immer wieder baufällig geworden war, entschloss sich schließlich der Vorstand des Deutschen Vereins vom Heiligen Lande im Herbst 1976, auf dem alten Grundriss des 5. Jahrhunderts eine Kirche im byzantinischen Stil zu erbauen: Alles, was vom originalen Bau erhalten geblieben war, sollte mit einbezogen werden. So entstand die heutige dritte Kirche an diesem Ort, die am 23. Mai 1982 feierlich geweiht wurde: Ihre schlichte Schönheit spricht viele Besucher an. Fast exakt 30 Jahre später, am 17. Mai 2012, konnte das neue Klostergebäude eingeweiht werden, dessen Bau dringendst notwendig war, da das – mittlerweile abgerissene – alte Kloster einzustürzen drohte. Immerhin liegt Tabgha in einem Erdbebengebiet.

Die Topografie Tabghas ist ein Ausdruck der geistlichen Berufung meiner dort lebenden Mitbrüder: Es

liegt unterhalb des Meeresspiegels in der Senke des Sees
Genezareth. Diese vermittelt das Gefühl einer schützen-
den Geborgenheit, von Ruhe und Frieden. Nicht wenige
Pilger beschreiben Tabgha als ein »kleines Paradies auf
Erden«, das den Nahostkonflikt für eine Weile vergessen
lässt. Dies möchten die Mönche von Tabgha möglichst
vielen Menschen ermöglichen, vor allem denen, die am
Rand der Gesellschaft stehen. Wie eine bergende Arche
unterhält daher die Gemeinschaft von Tabgha auf ihrem
weitläufigen Areal das Haus »Beit Noah« und die dazu-
gehörige Begegnungsstätte mit Pool, Spielplatz, Mini-
golfanlage, Freiluftbrettspielen, Streichelzoo und vielem
mehr. Alles ist behindertengerecht eingerichtet, da hier
Gruppen geistig und körperlich behinderter Menschen
und Kriegsversehrte aus Israel und den Palästinensischen
Autonomiegebieten Erholungszeiten verbringen. Durch
das großzügige Raumangebot ist es möglich, dass sowohl
eine palästinensische als auch eine israelische Gruppe
zusammen die Begegnungsstätte belegen können. Wenn
man Zeuge sein darf, wie die Betreuer der beiden Gruppen zusammen das gemeinsame abendliche Grillen vor-
bereiten, während die ihnen Anvertrauten ohne jegliche
Berührungsängste miteinander im Pool spielen, wird
Frieden auf einmal so konkret, dass man wieder für die
Zukunft dieses Landes zu hoffen wagt.

Seit einigen Jahren nutzen auch Gruppen aus Europa
die Begegnungsstätte, allen voran die Priesterseminare

der deutschsprachigen Länder, um sich intensiv mit der Bibel auseinanderzusetzen.

Neben den Gästen der Begegnungsstätte strömen täglich viele Tausend Pilger – an guten Tagen bis zu 5000, wie zur Zeit Jesu – nach Tabgha, um sich von diesem Ort berühren zu lassen und am Seeufer Eucharistie zu feiern. Auch zahlreiche Einzelpilger suchen diesen Ort als geistliches Zentrum für ein paar stille Tage auf. Ihnen allen gilt gleichermaßen ohne Ansehen der Person, Herkunft oder Religion die liebevolle Sorge von uns Mönchen. Die Vielzahl der Menschen, die jeden Tag nach Tabgha kommen, führt die dortige kleine Mönchsgemeinschaft manchmal an die Grenzen ihrer Kraft – ähnlich wie die Jünger an diesem Ort angesichts der fünftausend hungrigen Männer mitsamt ihren Familien –, doch Mut und Gelassenheit gibt ihnen der Glaube, dass nicht sie allein es sind, welche die Menschen sättigen müssen, sondern dass der Herr dieses Wunder wirkt, damals wie heute.

4
LEBENSENTSCHEIDUNG MÖNCH

*Oder: Warum sind Sie Mönch
geworden?*

Ehrlich gesagt, die unvermeidliche Frage, die mir früher oder später in jedem Gespräch gestellt wird, lautet: »Wie kommen Sie eigentlich dazu, Mönch in Jerusalem zu werden?« Wenn ich überhaupt keine Zeit habe, antworte ich darauf gerne: »Wer so verrückt ist, im 21. Jahrhundert Mönch zu werden, kann es auch gleich in Jerusalem tun!« Stimmt doch, oder?

In der Regel belasse ich es aber nicht bei dieser Antwort, sondern erkundige mich, welcher Aspekt dieser Frage meine Gesprächspartner mehr interessiert, das »Lebenslänglich Jerusalem« oder das »Lebenslänglich Mönch«. Wenn tatsächlich die Kombination dieser beiden Lebensentscheidungen die Neugier geweckt hat, versuche ich, in der gebotenen Kürze um Verständnis für meine doppelte Lebensentscheidung zu werben. Dabei komme ich nicht umhin, eine kleine Facette meiner Biografie zu erwähnen. Meine Mutter ist Schauspielerin – wie übrigens auch meine Tante, welche ein eineiiger Zwilling meiner Mutter ist, was beinahe ein eigenes Kapitel in diesem Buch wert wäre, da mich dies als kleines Kind ein paarmal ordentlich verwirrt hat. Da meines Erachtens mein weiteres Leben aber dadurch nicht wirklich fundamental geprägt wurde, will ich es bei dieser kurzen Erwähnung belassen. Ich bin also schon von frühesten Kindesbeinen an mit dem Theater vertraut, und bereits als ganz kleiner Knirps durfte ich bei Kinderopern, Performance-Projekten und Kellertheateraufführungen mitmachen. Wenn aber gerade ein Milchzahn wackelte, gab es Bewegenderes, als auf der Bühne zu stehen!

Aus dieser Zeit, in die sogar einige Jahre Unterricht in Ballett und Stepptanz fielen, was im ersten Fall mit einschneidenden Allein-unter-Frauen-Erfahrungen verbunden war, habe ich eine wichtige Sache mitgenommen, nämlich, wie man auf der Bühne zu stehen hat – und zwar nicht nur dort. Ich betone das so sehr, da ich schon sehr früh einen großen Dickkopf hatte und es bei mir immenser Überzeugungsarbeit bedurfte, bevor ich etwa als richtig und wichtig annahm. Diese eine Sache habe ich aber tatsächlich ziemlich bald verinnerlicht: Wenn man auf der Bühne steht, braucht es ein Stand- und ein Spielbein, also ein Bein, auf dem man fest steht, und ein Bein, mit dem man beweglich agiert. Zwei Standbeine lassen die Körpersprache erstarren, wohingegen zwei Spielbeine Unruhe verbreiten. Wie auch immer, diese stetige Regieanweisung ist heimlich, still und leise zu einer Art Lebenseinstellung von mir geworden. Durch die vielen Ortswechsel und Umzüge von Kindesbeinen an, habe ich mir angewöhnt, sehr schnell meinen inneren Anker zu werfen und mich fest zu machen, um genauso schnell auf neugierige Entdeckungsreise zu gehen und Kontakt zu den mir Fremden aufzunehmen.

Leider zahle ich für diesen Lebensstil einen Preis: Mir fehlt vollkommen die Gabe, zwei Arten von Menschen auch nur ansatzweise zu verstehen. Zum einen sind das diejenigen, die ein tiefes Grundbedürfnis haben, sich häuslich einzurichten und feste Pflöcke in ihr Leben einrammen, um sich gegen möglichst viele Unwägbarkeiten abzusichern, und dabei mit größter Skepsis das »Leben da draußen« betrachten. Gerne stellen mir solche Menschen die Frage, ob ich nicht Angst hätte in Jerusalem zu leben. Nicht weniger fremd sind mir die Menschen, die sich vom Leben treiben lassen, die schauen, was der Tag so bringt, sich nie festlegen wollen und möglichst keine Bindungen eingehen, um sich nicht mögliche Optionen für die Zukunft zu verbauen. Von diesen Menschen höre ich dann oft die Frage, ob ich mir wirklich sicher bin, auch in zehn Jahren noch Mönch sein zu wollen, und wie mein alternativer Lebensplan ausschaue.

An dieser Stelle möchte ich einmal aufrichtig alle um Verzeihung bitten, die mir eine dieser beiden Fragen schon einmal gestellt haben und denen ich darauf nicht ernsthaft geantwortet habe, sondern irgendeine lieblose Antwort aus mir herausquälte. In dem Moment, in dem ich das tue, ärgere ich mich bereits über mich selbst, aber leider kann ich in diesen Situationen nicht aus meiner Haut. Ich verspreche hiermit aber, dass ich mich wirklich um Besserung bemühe. Ich weiß ja, dass die Fragesteller es nicht böse mit mir meinen.

Ich selbst habe als Mönch in Jerusalem das Stand- und Spielbein meines Lebens gefunden. Das Standbein ist mein Leben im Kloster, das Leben in der Gemeinschaft mit meinen Mitbrüdern nach den bewährten Weisungen der Regel des Heiligen Benedikt aus dem sechsten Jahrhundert und denen meines Abtes, der die Benediktsregel für das Hier und Heute konkretisiert. Es tut mir gut und gibt meinem Leben Halt, wenn ich mich jeden Morgen um 6:00 Uhr – noch ziemlich unausgeschlafen – zum ersten Mal am Tag mit meinen Mitbrüdern gemeinsam vor Gott hinstelle und ihn in den uralten Gebeten der Psalmen im wechselnden Gesang lobpreise und mit ihm in Dialog trete. Stark strukturiert und rhythmisiert geht es dann im Verbund mit meinen Mitbrüdern durch den Tag: Gebet, Arbeit, Lesung, Essen, Muße und Schlaf wechseln sich in einer festen Ordnung ab. Diese Beheimatung in meinem Kloster, die Gemeinschaft mit meinen Mitbrüdern und die Struktur des monastischen – also »mönchischen« – Lebens sind das feste Standbein meines Lebens. Hier komme ich zur Ruhe und darf in Gottes Gegenwart auftanken.

Jerusalem ist mein fester Lebensort, erfüllt aber zugleich die Funktion des Spielbeines meines Lebens. Diese pulsierende Stadt ist hungrig auf Interaktion. Sobald ich einen Fuß vor die Tür setze, werde ich angesprochen, sei es, dass ich nur kurz den Weg erklären soll oder aber erläutern, wer oder was ich eigentlich bin. Oder sei es, dass ich Rosenkränze segnen soll oder für ein Selfie posieren –

oder eben leider auch, dass ich Opfer einer Spuckattacke werde. Als große Geschenke empfinde ich dabei die Aufgaben im Kloster, die mir mein Abt zurzeit anvertraut hat, nämlich Pressesprecher meiner Abtei zu sein, Seelsorger für alle deutschsprachigen Katholikinnen und Katholiken im Heiligen Land und als Direktor des Jerusalemer Instituts der Görres-Gesellschaft ein eigenes kleines Wissenschaftsinstitut zu leiten, das sich mit den verschiedenen Ostkirchen beschäftigt. Diese drei Aufgaben ergeben zusammen so etwas wie das Profil eines »Außenministers des Klosters«, ein Job, der dem Heiligen Benedikt übrigens noch nicht bekannt war. Sei es drum: Ich bin unglaublich dankbar für diese mir momentan zugeteilten Aufgaben!

Ich habe größte Hochachtung vor den Benediktinerklöstern im deutschen Sprachraum, deren großherzige Gastfreundschaft ich bei meinen Europaaufenthalten immer wieder erfahren darf. Auch wenn jedes Benediktinerkloster auf der Welt vollkommen selbstständig ist und wir Benediktinermönche nicht von Kloster zu Kloster versetzt werden, sondern in dem Kloster bleiben, in das wir am Anfang unseres Weges eingetreten sind, so gibt es dennoch eine Art benediktinischen »Stallgeruch«, der das Ankommen in einem fremden Kloster sehr erleichtert und der bei mir dazu führt, dass ich mich sehr schnell pudelwohl und von Herzen willkommen fühle. Ich hoffe übrigens, dass die zahlreichen Mönche aus aller Welt, die das Heilige Land besuchen, es bei uns ebenso empfinden.

Bis jetzt ist mir jedenfalls nichts Gegenteiliges zu Ohren gekommen.

So wohl ich mich auch jedes Mal in anderen Klöstern fühle, so sehr muss ich mir aber auch ehrlichen Herzens eingestehen, dass sie für mich auf Dauer nichts wären. Es würde mir mein ganz persönliches Spielbein fehlen – Jerusalem, das durch nichts und niemanden wirklich ersetzt werden kann. Ich habe mich nun mal in Jerusalem verliebt und diese Liebe ist mittlerweile zu einer leidenschaftlichen Liebesbeziehung angewachsen – mit allen dazugehörigen dramatischen Höhen und Tiefen –, auf die ich mich vollständig eingelassen habe und die ich nicht einfach wegwerfen kann.

Auf der anderen Seite bin ich im Heiligen Land ständig mit wunderbaren Menschen im regen Austausch, von denen ich einige sogar als Seelsorger eine Strecke ihres Lebens begleiten darf: Journalisten, Diplomaten, Mitarbeiter der verschiedenen politischen Stiftungen und des Internationalen Rotes Kreuzes, Lehrer, Wissenschaftler und Politiker und nicht zuletzt Künstler und Mitarbeiter großer internationaler Wirtschaftskonzerne. Sosehr ich das Zusammensein mit all diesen Menschen schätze und als große Bereicherung erlebe, so wenig möchte ich mit einem von ihnen tauschen. Es würde mir mein ganz persönliches Standbein fehlen, das Leben als Gottsucher zusammen mit meinen Mitbrüdern im Kloster. Die Sehnsucht, Gott auf diese Weise zu suchen, ist so stark in meinem Herzen verankert, dass ich mich davon nicht ohne Weiteres losreißen kann.

Ich denke, es ist an der Zeit, etwas näher auf dieses »Projekt Gottsuche« einzugehen, zumal ich sicher nicht völlig danebenliege, wenn ich vermute, dass für die meisten diese Lebensentscheidung schwieriger nachzuvollziehen ist, als die Entscheidung, für immer in Jerusalem zu leben.

Wenn ich vom Mönch als »Gottsucher« spreche, ist das kein originärer Gedanke von mir, den ich mir patentieren lassen könnte, sondern ur-benediktinisch. Vielleicht sollte ich an dieser Stelle ein paar grundsätzliche Dinge zum Benediktinersein sagen – beziehungsweise was ich davon verstanden habe. Es fängt schon mal damit an, dass ich kein »Ordensmann« bin. Nein, ich bin wirklich kein Ordensmann, da ich keinem richtigen Orden angehöre, sondern ich bin Mönch! Mein Orden ist mein Kloster. Mein Kloster ist mit den anderen Benediktinerklöstern auf der ganzen Welt zu einer Konföderation zusammengeschlossen. An dessen Spitze steht der Abtprimas, dessen Rolle aber eher der des deutschen Bundespräsidenten gleicht und überhaupt nicht der des Generalministers der Franziskaner oder des Jesuitengenerals. Diese Orden der Katholischen Kirche sind aber auch jüngere Phänomene der Kirchengeschichte, die ihren Ursprung erst im zweiten nachchristlichen Jahrtausend haben, während wir Benediktiner noch aus der christlichen Spätantike stammen, und zwar aus der ersten Hälfte des sechsten Jahrhunderts.

Unser Ordensgründer, der Heilige Benedikt von Nursia, darf wohl mit Fug und Recht als der erste echte Europäer bezeichnet werden. Und Europa wäre durch die Epochen seiner Geschichte nicht das, was es war und was es heute ist, wenn wir Mönche ihm nicht unseren Stempel aufgedrückt hätten. Papst Paul VI. hat nicht ohne Grund den Heiligen Benedikt zum »Schutzpatron Europas« erhoben.

Der Lebensstil eines Mönches ist relativ schnell erklärt. Wir Benediktiner gehören zu der in Gemeinschaft lebenden Art von Mönchen, den sogenannten »Koinobiten«. Benedikt selbst charakterisiert diese Art zu Beginn seiner berühmten Regel in knappen treffenden Worten so: »Sie leben in einer klösterlichen Gemeinschaft und dienen unter Regel und Abt« (Regula Benedicti 1,2). Neben den Koinobiten kennt Benedikt auch die sogenannten »Anachoreten«, die als Einsiedler leben. Diese Lebensform als »Einzelkämpfer« ist jedoch ausschließlich etwas für erfahrenere Mönche, die sich im Gemeinschaftsleben bereits bewährt haben und ausreichend für diese Lebensform geschult wurden (RB 1,3-5). Einer unserer älteren Brüder in Jerusalem lebt tatsächlich seit ein paar Jahren als Anachoret, doch diese Lebensform bleibt eher der Ausnahmefall.

Die eben definierte Lebensform der Koinobiten kann man mit etwas mehr Leben füllen, wenn man in der Regel unseres Ordensvaters weiterliest. Dort wird nämlich eine Motivationsprüfung von Neuinteressierten vorgeschrieben. Es heißt so schön: »Man achte darauf, ob der

Novize wirklich Gott sucht« (RB 58,7a). Ein Benediktinermönch muss also ein Gottsucher sein! Ob diese Gottsuche
authentisch ist, kann der Novizenmeister unter anderem
daran festmachen, »ob er [der Novize] Eifer hat für den
Gottesdienst, ob er willig ist zu gehorchen und ob er bereit ist, niedrige Arbeiten zu tun« (RB 58,7b). In heutiger
Sprache ausgedrückt, könnte man vielleicht sagen, dass
ein Benediktiner einer ist, der ernsthaft um und mit seiner
Gottesbeziehung ringt und dabei eine geduldige Ausdau-
er und gesunde Frustrationstoleranz an den Tag legt. Dies
ist übrigens auch der entscheidende Grund dafür, dass ein
Mönchsleben alles andere als langweilig ist, da der äußere
Rahmen des stark rhythmisierten Lebens von Gebet, Arbeit
und Lesung (lateinisch »ora et labora et lege«) unterfüttert
und getragen ist von einer leidenschaftlichen Gottsuche.

Interessant ist für viele wohl auch, dass wir Benediktiner bis heute nicht die Gelübde »Armut, Ehelosigkeit
und Gehorsam« ablegen, sondern »Beständigkeit, klösterlichen Lebenswandel und Gehorsam« (RB 58,17). Selbstverständlich beinhaltet die »conversatio morum«, der
»klösterliche Lebenswandel«, aber auch eine Verpflichtung zu einem Leben in Armut und Ehelosigkeit, sodass
sich da für uns keine Schlupfwinkel auftun. Gerade das
Gelübde der »stabilitas«, der Beständigkeit, unterscheidet
uns wohl am radikalsten von allen anderen »Orden« der
Katholischen Kirche. Anders ausgedrückt: Als Benediktiner braucht man immer eine doppelte Berufung, nämlich

einerseits die Berufung zu einem Leben der Gottsuche in Gebet, Arbeit und Lesung nach den Maßgaben der Benediktsregel und des Abtes, und andererseits die Berufung zu einem ganz bestimmten Kloster, an einem ganz konkreten Ort mit einer ganz konkreten Gemeinschaft. Benediktiner kann man nie abstrakt sein, sondern wird es erst durch die Bindung an eine klösterliche Gemeinschaft vor Ort. Das ist die große Herausforderung, aber auch die Chance, für jedes Leben als Mönch: Das jahrzehntelange Aushalten und Bleiben in einem bestimmten Kloster mit den Brüdern, die Gott auch dorthin gerufen hat. Wir sind die mit dem »langen Atem«. Da wir langfristig denken, haben wir oft große Bibliotheken, Museen, Schulen, Universitäten, aber auch große handwerkliche Betriebe und Landwirtschaft, eben weil wir »Liebhaber des Ortes« sind. Wir engagieren uns mit Leidenschaft für diesen Ort und für die Region, da die Ortswahl für uns eine ebenso kostbare Berufung ist wie der »way of life« der Gottsuche unter Regel und Abt.

Diese Form des Mönchseins ist übrigens ein wichtiger Grund dafür, dass es »den« Benediktiner nicht gibt. Verschiedene Orte erfordern ganz unterschiedliche Berufungen. Während in Frankreich zum Beispiel viele Klöster ein Leben der Gottsuche mit einer stark monastisch-kontemplativen Ausrichtung, mit großem Gebetspensum, wissenschaftlicher Forschung und handwerklicher Tätigkeit bieten, so findet man in Österreich oft eine stärkere monastisch-pastorale Schwerpunktsetzung mit großem Seelsorgeengagement in den den Klöstern anvertrauten Pfarren. In Asien dominiert wiederum ein eher monastisch-missionarischer Stil. All diese Stile sind jedoch »monastisch«, also »mönchisch«. Die jeweiligen Ortserfordernisse gehören eben fundamental zu einem benediktinischen Leben. So ist es eben auch gut benediktinisch, dass wir Jerusalemer Benediktiner stark im innerchristlich-ökumenischen Dialog und im interreligiösen Dialog engagiert sind und dass wir viel Zeit und Energie in die Pilgerseelsorge investieren. Das ist eben unsere Berufung und wesentlicher Teil unserer Gottsuche am Geburtsort des Christentums!

Zum Schluss dieses Kapitels möchte ich doch noch mal ganz persönlich werden. Von klein auf haben mich radikale Lebenswege fasziniert, Menschen, die sich einer Sache mit voller Leidenschaft verschrieben haben. Im Scherz sage ich manchmal, dass ich vor der Wahl stand, Terrorist oder Mönch zu werden, und ich mich dann für das Mönchtum entschieden habe, da es besser für die Menschheit ist. Bei aller Begeisterung für mutige und radikale Lebensentwürfe habe ich schon früh einen Widerwillen gegen Schubladendenken entwickelt. »Schublade auf – Person hinein – Schublade zu« kann dabei meines Erachtens nur noch durch »Schublade auf – Gott hinein – Schublade zu« getoppt werden. Wenn diese beiden Grundveranlagungen auf eine schwere körperliche, rheumatische Krankheit treffen, die mich als Student in Jerusalem ereilte, die mich mehrere Wochen ins Krankenhaus brachte und seitdem zu einer chronischen Begleiterin geworden ist, dann kann in einer Art »Gnade des Nullpunkts« eine Berufung zum Mönchtum in Jerusalem erwachsen. Denn was gibt es Größeres, als Gott zu suchen? Ihn radikal zu suchen? Ihn in keine Schublade zu stecken, sondern tagtäglich neu um und mit Ihm zu ringen? Ihm sich ganz anzuvertrauen?

Mein Ordensname »Nikodemus«, der meinem Taufnamen »Claudius« seit meiner Aufnahme ins Noviziat der Dormitio-Abtei am 8. Dezember 2003 vorangestellt wird und mit dem ich seitdem angeredet werde – und der übrigens unter der Rubrik »Ordens- oder Künstlername« auch in meinem Reisepass eingetragen ist –, weist in eine ähnliche Richtung. Der Ordensname ist bis zum Eintritt ins Noviziat, also bis zum offiziellen Beginn der Ausbildung als Mönch, ein gut gehütetes Geheimnis zwischen Abt und Kandidat, auf den man sich in einem längeren Prozess zu zweit einigt und der dann feierlich beim Noviziatsbeginn verkündet wird. In derselben Feier wird man übrigens auch eingekleidet, erhält also seinen Mönchshabit aus Tunika (langes Untergewand), Gürtel und Skapulier (schürzenartiger Überwurf) mit Kapuze.

Mein Namenspatron, der Heilige Nikodemus, sucht Gott so sehr, dass er nach dem Johannesevangelium Jesus sogar bei Nacht aufsucht. Seinen Glauben bezeugt er in der Katastrophe des Karsamstags: zwischen der Hinrichtung Jesu am Kreuz am Karfreitag und seiner glorreichen Auferweckung von den Toten am Ostersonntag.

5
RELIGIÖSE MUSIKALITÄT

Oder: Warum glauben Sie?

Manche Fragen benötigen einen geschützten, intimen Rahmen. Die Frage, warum ich überhaupt glaube, ist solch eine sensible Frage, über die ich mich immer wieder ehrlichen Herzens freue, wenn sie mir gestellt wird. In einem Gruppengespräch wurde mir diese Frage noch nie gestellt, aber schon des Öfteren auf Empfängen im Vieraugengespräch und auch schon von dem einen oder anderen Politiker, den ich durch Jerusalem führen durfte. Was mich an dieser Frage so freut, ist, dass sie mir bislang immer sehr ehrlich, nie abschätzig und mit echter Neugier gestellt wurde – und fast ausschließlich von religiös weniger bis gar nicht Musikalischen.

Ich mag die Bezeichnung »religiös unmusikalisch« für Menschen, die sich als nicht gläubig verstehen, sehr gerne. Meines Wissens ist Max Weber der Erste, der sich selbst so bezeichnet hat. Richtig populär wurde dieser Ausdruck wohl aber erst in unseren Tagen durch Jürgen Habermas. Es gefällt mir, dass die Vorstellung einer »religiösen Musikalität« das Bild eines Glaubens zurechtrückt, den man in irgendeiner Form jemandem anerziehen könnte und der lediglich eine Frage des Wissens und des Wollens ist. Glauben zu können ist wesentlich ein Geschenk, für das man dankbar sein darf, das aber jegliche Arroganz gegenüber weniger Musikalischen in diesem Bereich verbietet.

Was ich noch so sehr an dieser Vorstellung mag, ist der darin mögliche Umgang von Glaubenden und Nichtglaubenden miteinander. Jemand, der unmusikalisch ist, wird Musikbegeisterten nicht verbieten, in einem Chor, einem Orchester oder einer Band mitzumachen, und kann es vielleicht sogar ab und zu ganz schön finden, sich ein Konzert anzuhören, wenn er auch selbst keinen Drang verspürt, selbst Musik zu machen. Umgekehrt wird ein Musiker darauf achten, auf seine weniger musikbegeisterten Mitmenschen Rücksicht zu nehmen und sie nicht durch Dauerbeschallung zu nerven, sodass diese mit Musik überhaupt nichts mehr zu tun haben wollen. Anstrengend und äußerst schwer erträglich sind – um im Bild zu bleiben – die Musikmuffel, die allen Menschen generell jede Art von Musizieren verbieten wollen, genauso wie die Musikenthusiasten, die meinen, sie müssten jeden zum Musizieren zwingen. Ich weiß nicht, wer von beiden engstirniger und intoleranter ist.

Seit ich in Jerusalem als Mönch lebe, habe ich ein immer größeres Herz für die religiös Unmusikalischen bekommen. Das Heilige Land, und insbesondere Jerusalem, haben nämlich eine verborgene Kaltherzigkeit, die es in großen Teilen der europäischen Gesellschaft unter den genau umgekehrten Vorzeichen gibt: Der religiös Unmusikalische hat hier keinen Platz. Jerusalem gleicht einer großen Musikerkolonie, in der die verschiedensten Instrumente gespielt und den unterschiedlichsten Musikrichtungen gefrönt wird. Hier wird mit großer Leidenschaft Musik gemacht und heftigst darum gestritten, welche Art von Musik nun wahr und schön sei, und welche wiederum Misslaute und eine Beleidigung für die Ohren darstelle. Dass es auch Menschen gibt, die mit Musik wenig bis gar nichts anfangen können, ist hier so gut wie unvorstellbar, wo sich doch so gut wie alles um die Musik dreht.

Dabei wären einige kritische Fragen vielleicht mehr als berechtigt. Werden die Instrumente regelmäßig gestimmt oder hält man das für überflüssig? Kann man den Musikstil des anderen ertragen oder lässt man nur seinen eigenen Stil gelten? Hört man dem anderen auch zu oder will man bloß, dass einem zugehört wird? Ist die Musik vielleicht zu avantgardistisch geworden, sodass man zwar den Intellekt der Hörer erreicht, aber nicht mehr das Herz? Oder ist die Musik zu schnulzig und kitschig geworden, sodass sie wie eine riesige Geschmacksverirrung anmutet? Wie gesagt: Die Vorstellung von Musik und Musikalität halte ich für außerordentlich hilfreich, um über Religion und Glaube zu reden.

Auf den verschiedenen Empfängen, zu denen ich durch meine Aufgabenfunktion als »Außenminister« unseres Klosters regelmäßig eingeladen werde, treffe ich dann immer wieder diese religiös weniger musikalischen Menschen, die ich wie ein Magnet anzuziehen scheine. Als Benediktiner im Mönchshabit bin ich natürlich auch eine herumlaufende Gesprächseinladung zum Thema Glaube und Religion. Da das Heilige Land ja so wunderbar unfähig zum Small Talk ist, werde ich sehr konkret auf meinen Glauben angesprochen. Viele berichten mir, dass sie sich als weniger Religiöse manchmal doch sehr fremd in diesem Land fühlen, wo Religion und Glaube eine so enorme Rolle spielen. Und dann kommt sie eben, die Frage, warum ich glauben würde. Und tatsächlich, die Frage ist ja mehr als berechtigt.

Die Menschen, mit denen ich mich dann auf einer Hotelterrasse am Stehtisch unterhalte, sind durchaus beeindruckende Persönlichkeiten, die mit einem großen Verantwortungsbewusstsein ihr Leben meistern und die nun hier in diesem Land damit konfrontiert werden, dass ihnen offenbar etwas zu fehlen scheint, das sie bislang aber nicht wirklich vermisst haben. Warum nicht bei dieser Gelegenheit mal die Frageperspektive umdrehen und einen offensichtlich religiösen Menschen wie einen Mönch fragen, warum er glaubt? Ich freue mich über diese Frage immer sehr, da ich offenbar den Menschen keine Angst einjage. Sie trauen sich, mir solch eine Frage zu stellen.

Viele vermuten ja, dass man als religiös musikalischer Mensch in eine tiefgläubige Familie hineingeboren wurde und eben aufgrund dieser »musikalischen Früherziehung« heute selbst religiös ist. Dem möchte ich gar nicht pauschal widersprechen, doch leider kann ich mit so einer klassischen Biografie selbst nicht dienen.

Ich bin Scheidungskind. Mein älterer Bruder ist bei meinem Vater aufgewachsen, ich bei meiner Mutter. Meine Mutter, eine Schauspielerin, war in meiner Kindheit mit einem aus Polen stammenden bildenden Künstler liiert, der zu einer Art Ziehvater für mich wurde. Diese Beziehung hielt bis etwa zu meinem zwölften Lebensjahr, während die Hochachtung zwischen beiden bis zuletzt andauerte. Auch wenn ich als Kleinkind Evangelisch getauft wurde, spielte der kirchlich gelebte Glaube keine Rolle in meiner Erziehung. Meine Mutter betete aber mit mir und mein Ziehvater brachte mir das Suchen und Fragen bei.

Ich hatte eine geniale Kindheit. Ich bin unzählige Male umgezogen, zuerst wegen der Scheidung meiner Eltern, dann wegen des Berufs meiner Mutter, dann wegen des Zusammenziehens meiner Mutter mit meinem Ziehvater und zu guter Letzt vor allem meines Ziehvaters wegen. Er betrieb nämlich eine große Malschule, um finanziell irgendwie über die Runden zu kommen. Er baute eine eigene private Sammlung zeitgenössischer Kunst auf und initiierte verschiedene Museumsprojekte, die er aber auch immer wieder losließ, um Neues aufzubauen. So wohnte ich einmal in einem schönen alten Fachwerkhaus, ein anderes Mal in einer alte Schule, wo mein Bett in einem ehemaligen Klassenzimmer stand, abgetrennt mit einem Vorhang vom Esszimmer, in dem schon zum Frühstück zehn bis zwanzig Künstler aus aller Welt saßen. Einmal war mein Zuhause eine alte Mühle, wobei ich mich noch gut an die relativ niedrige Decke erinnern kann. Ein anderes Mal wiederum lebte ich in einem ehemaligen Fabrikgebäude, bis ich dann in den fünften Stock eines schönen Backsteingebäudes zog, das mal als Schwesterninternat gedient hatte und wo meine Mutter noch heute lebt.

Und ich kann mich gut an die vielen Reisen mit meinem Ziehvater durch ganz Europa erinnern, mit dem VW-Bus zu anderen Künstlern, und an den riesigen Esstisch zu Hause. Meine erste Frage am Morgen war immer: »Welche Sprachen heute?« Die Skandinavier brachten immer genial schmeckende Fischpasten aus der Tube mit, die Niederländer die leckersten Süßigkeiten, die Polen und Russen hatten die lustigsten Rufnamen für mich und die Franzosen tranken freiwillig warmen Rote-Bete-Saft, den sie mir auch ziemlich erfolglos schmackhaft machen wollten. Was mich aber wirklich geprägt hat, war die Kunst, die all diese Künstler miteinander verband, die sich dem Konstruktivismus, dem Bauhaus und der Reduktiven Kunst verpflichtet fühlten. Völlig begeistert war ich damals von dem Kunstprojekt »Nulldimension«, das mit einer radikalen Reduktion ernst machte. Bis heute bin ich ein großer Anhänger des damit verbundenen Konzepts einer »gewaltfreien Kunst«, die eben dem Betrachter keine Gewalt antut, indem sie eine Botschaft hat oder etwas von ihm will oder ihm gar etwas aufzwingen möchte. Sie ist einfach nur da und schafft Raum.

Ich kann sagen, dass dieses Aufwachsen und Großwer-
den mit Kunst – und natürlich auch mit dem Theater als
der Kunst meiner Mutter – in mir eine große Neugier auf
die Welt und ihre Menschen geweckt hat und mich schon
von klein auf zum kritischen Frager und beharrlichen Su-
cher gemacht hat. Ich denke, dass dieser wichtige Aspekt
meiner Kindheit mich religiös musikalisiert hat, was meine Art zu denken betrifft.

Der Kopf ist das eine, das Herz das andere. Mein Herz
hat eine parallele musikalische Erziehung erlebt, die ich
aber außerhalb von zu Hause erfahren habe. Besonders ein
Dorf hat mich hier besonders geprägt, nämlich dasjenige,
wo ich in einer ehemaligen Schule gelebt habe. Als Scheidungskind, das in diesem Dorf als einziges Evangelisch
getauft war und dessen Mutter eine zugezogene Schauspielerin und zudem mit einem Künstler aus dem Ost-
block liiert war, der merkwürdige Formen von öffentlichen
Kunstprojekten anstieß, gehörte ich nun nicht wirklich zu
den Einheimischen. Wer mich hingegen voll und ganz
akzeptierte und wo ich so etwas wie ein zweites Zuhause
fand, war die heute oftmals so geschmähte böse Amtskir-
che. Zum einen waren das die Maria-Ward-Schwestern –
heute Congregatio-Jesu-Schwestern –, also Katholische
Ordensfrauen, die damals in diesem Dorf ein Kinderheim
unterhielten, in dem Kinder wohnten, dessen Eltern das
Sorgerecht entzogen worden war. Diese Kinder waren
meine besten Freunde, mit denen ich den ganzen Tag im

Wald, auf Bäumen und in den Bächen unterwegs war. Wir machten viel Unsinn und scheuten uns nicht, einen Schafbock bei den Hörnern zu packen, um unseren Mut zu beweisen oder Kühe auf der Weide mit der Hand zu melken. Meine Mutter verriet mir später, dass sie jeden Tag darum betete, dass ich heil und gesund wiederkam. Wenn mir die verschleierten Schwestern anfangs auch etwas unheimlich waren, so fand ich es doch großartig, wie liebevoll sie sich um meine Freunde kümmerten, obwohl sie ja gar nicht deren Mütter waren.

Die zweite positive Gestalt im Dorf, die ich sehr schätzte, war der Katholische Pfarrer. Ich ging mit meinen Freunden gerne zu ihm in den Kindergottesdienst, der immer am Donnerstag stattfand, und auch am Sonntag in den Gottesdienst. Ich fand die Katholische Liturgie als Kind einfach total faszinierend. Wie im Theater, nur mit viel mehr spannenden Details wie der Orgel, dem Weihrauch, den verschiedenen Orten und den verwendeten Büchern, wegen der unterschiedlichen Farben und besonders wegen der Feste, bei denen man die Kirche verließ, um auf die Felder zu gehen, wie zum Beispiel an Fronleichnam.

Und man konnte dem Pfarrer ein Loch in den Bauch fragen: Er nahm sich Zeit und hat sich immer um eine ausführliche Antwort bemüht – und ich konnte hartnäckig im Fragen sein. Ich bewundere ihn heute dafür, wie viel Zeit er sich für die liebevolle Beantwortung der Fragen eines nicht ganz so unkomplizierten Grundschülers genommen hat; dasselbe gilt auch für die Ordensschwestern. Um es zusammenzufassen: Die Katholische Kirche, und besonders ihre hochoffiziellen Vertreter vor Ort, durfte ich als Kind als den einzigen Ort erleben, an dem ich in keine Schublade gesteckt wurde und an dem mir wirklich vorurteilsfrei und mit großer Liebe begegnet wurde. In der Kirche und im Katholischen Kinderheim fühlte ich mich geborgen und angenommen. Ich denke, hier wurde der Grundstein für die religiöse Musikalität meines Herzens gelegt.

In den folgenden Jahren war ich stets ein Suchender und hart Ringender, der sich vielfältig sportlich, musikalisch, kirchlich und auch politisch engagierte. Meine Pubertät bestand vorrangig darin, in die Junge Union einzutreten und mir von meinem Ersparten einen Anzug, Hemd und Krawatte zu kaufen. Irgendwie muss man ja seine Mutter erfolgreich provozieren. Heute fühle ich mich in verschiedenen Milieus wohl, da ich die Menschen weitaus wichtiger finde als die Milieus, aus denen sie kommen.

Eine wichtige Entscheidung war meine Konversion mit damals 13 Jahren zur Katholischen Kirche, nachdem ich es ein Jahr vorher noch mal ganz bewusst mit der mir bis dato unbekannten Evangelischen Kirche versucht habe. Allein in der Katholischen Kirche konnte und kann ich authentisch mit Verstand und Herz zugleich Gott suchen. Diese sehr persönliche Antwort meines Lebens, die ich bis heute noch keinen einzigen Tag bereut habe, schließt aber nicht eine große Hochachtung vor den Kirchen der Reformation aus. Ich persönlich konnte dort – trotz aller Bemühungen meinerseits – jedoch nie Wurzeln schlagen.

Dann kamen viele Jahre, in denen manchmal das Herz und dann mal der Verstand gegen Gott rebelliert haben. Ich wäre so gerne »normal«, also religiös unmusikalisch gewesen, aber ich konnte mich nie von der Gottsuche ganz verabschieden. Ich habe wahrlich genug Fluchtmöglichkeiten ausprobiert, doch die Sehnsucht nach Gott konnte ich nicht wirklich erfolgreich unterdrücken: So wie ein Musiker, der auf Dauer ohne Musik nicht leben kann.

Ohne zu sehr ins Detail zu gehen: Eine wichtige Wende in meinem Leben war schließlich der Ausbruch meiner Krankheit. War ich bis dahin oftmals der Jüngste, Beste und Schnellste und ein Macher-Typ, auch als Priesterseminarist, habe ich endlich lernen dürfen, dass zum Projekt Gottsuche auch ein kindliches unerschütterliches Vertrauen in Gottes Barmherzigkeit gehört, an der man nie verzweifeln darf. Es geht eben nicht nur um das Suchen, sondern auch um das Sich-finden-Lassen.

Ganz ehrlich: Letztlich weiß ich nicht, warum ich glaube und religiös musikalisch bin, aber dafür bin ich ehrlichen Herzens dankbar, auch wenn manches dadurch nicht einfacher wird. Dafür ist aber vieles umso intensiver und alles erfüllter.

6
HOOLIGANS DER RELIGION

*Oder: Ist der wachsende Einfluss der
vielen Religiösen ein Problem
für den Frieden?*

Es hat immer etwas Skurriles, wenn meine israelischen Freunde in meiner Gegenwart über »die Religiösen« schimpfen oder Pilgergruppen mir gegenüber ihre Sorge über die vielen religiösen Menschen im Jerusalemer Straßenbild zum Ausdruck bringen. Ich komme dann nicht umhin darauf hinzuweisen, dass ich ja demnach auch ein großes Problem sei. Hierauf erfolgt dann immer sofort die Beschwichtigung, dass ich natürlich nicht gemeint sei. Dann hake ich aber nach und bestehe darauf, dass ich als Mönch wohl eine der extremsten Formen gewählt habe, meinen Glauben zu leben, und dass ich ja mit meinem Mönchshabit auch meinen kleinen Anteil am religiösen Image Jerusalems habe. Ich bin doch nicht blöd, natürlich bekomme ich mit, dass viele Pilger und Touristen mit der Kamera auf mich draufhalten, wenn ich als Mönch durch die Gassen der Jerusalemer Altstadt gehe, und dass manche förmlich in Verzückung geraten, wenn sie in denselben Bildausschnitt auch noch einen ultraorthodoxen Juden in seinem Kaftan und einen traditionell gekleideten Muslim mit Gebetsschnur hineinbekommen. Das ist für viele das Symbolbild dieser Stadt, das in einem einzigen Foto alle Klischees bedient: verwinkelte uralte Gassen, durch die sich archaisch gekleidete Vertreter der drei großen monotheistischen Weltreligionen hindurchschieben.

Wahrscheinlich ist das so eine Art wohlig gruseliges Geisterbahngefühl für den postmodernen, religiös unmusikalischen Großstadtmenschen unserer Tage: Hier in Jerusalem hat offensichtlich schon vor ein paar Hundert Jahren jemand die Zeit angehalten. Wie gesagt, all das bleibt mir nicht verborgen und dieses Wie-ein-Affe-im-Zoo-Gefühl, wenn ich mal wieder durch ein Heer von Kameras hindurchmuss, hat mir schon die schönsten non-verbalen interreligiösen Begegnungen geschenkt. Es ist einfach unbezahlbar erleben zu dürfen, wie mir ein ultraorthodoxer Jude oder ein gläubiger Muslim einen tröstenden, solidarisch mitleidenden Blick zuwirft, wenn wir das Schicksal eines gemeinsamen Fotomotivs teilen. Ich bekenne hiermit aber reuig, dass ich dabei das ein oder andere Mal auch schon spontan mit einem Fotomotiv-Kollegen für die Kameras posiert habe. Möge uns diese kleine Eitelkeit verziehen werden und vielleicht sogar positive Auswirkungen für die Verständigung zwischen den Religionen haben. Ich bin überzeugt davon, dass Gott auch auf krummen Zeilen gerade schreiben kann!

Zurück zum Thema Religion und (Un)Friede. Natürlich verstehe ich sehr gut, worauf meine Gesprächspartner hinauswollen, aber ich habe mir immer mehr angewöhnt, erst etwas begriffsstutzig zu reagieren, da mir das Thema zu klischeebehaftet ist. Ich lade daher jeden dazu ein, sich in die Jerusalemer Altstadt zu begeben, wenn ich und die anderen lebenden Fotomotive sich ungestört und frei bewegen können, so etwa um 5:00 Uhr morgens. Jerusalem ist wohl nie bezaubernder als kurz vor dem Sonnenaufgang. Die Touristen und Händler schlafen nämlich noch, während die Grabes- und Auferstehungskirche im Herzen der Altstadt ihr Portal für die ersten Mitfeiernden an den Frühgottesdiensten öffnet, die frommen Juden zur Kotel, zur Westmauer, gehen, um sich dort zum ersten Gebet des Tages zu versammeln, und die gläubigen Muslime auf dem Weg zum Haram al-Sharif, zum Tempelberg, zu ihrem Frühgebet sind. Es liegt eine feierliche Ruhe und friedliche Atmosphäre über der Stadt, die zu dieser Uhrzeit ganz den tiefreligiösen Menschen gehört. Und nun meine Gegenfrage: Das soll nun ein Problem für den Frieden sein? Menschen, die in aller Frühe miteinander vor Gott hintreten, um zu beten? Sorry, tut mir leid, aber das kaufe ich niemandem ab! Wer noch einen zusätzlichen Beweis braucht, dem empfehle ich, mal einen Blick – aber bitte ohne Kamera – in die Gesichter dieser Juden, Christen und Muslime zu werfen, die um diese Zeit unterwegs sind. Da erkenne ich keine Aggression oder Feindseligkeit, sondern inneren Seelenfrieden und reife Gelassenheit.

An dieser Stelle möchte ich eine Beobachtung teilen, die mich nun schon die letzten Jahre meines Hierseins in Jerusalem beschäftigt. Offensichtlich gibt es zwei Dinge, in denen sich Judentum, Christentum und Islam wie ein Ei dem anderen gleichen, und ich kann beim besten Willen keine Unterschiede feststellen. Das eine ist das Phänomen der gläubigen Frühaufsteher: Alle drei Religionen haben fromme Beter in ihren Reihen, die sich bevorzugt dann in Gottes Gegenwart stellen, während die große Mehrzahl der Menschen noch schläft. Es kommt mir sogar so vor, dass es sich dabei immer um denselben Typ handelt, der je nach Religionszugehörigkeit nur anders gekleidet ist. Das zweite Phänomen, in dem kein Blatt Papier zwischen die drei Religionsgemeinschaften passt, ist die für mich nur sehr schwer nachvollziehbare Vorliebe für furchtbar kitschige Straßenbeleuchtungen zu manchen Festzeiten. Ich weiß wirklich nicht, was ich schrecklicher finden soll: blinkende Weihnachtssterne zu Weihnachten oder blinkende Chanukka-Leuchter zu Chanukka oder blinkende Felsendome im Ramadan. Leider habe ich noch keinen Religionskritiker gefunden, der bereit gewesen wäre, diese Spielart von Religion entschieden zu geißeln. Ich kenne genug, die sich über das Glockengeläut der Kirchen, über den Ruf des Muezzins von den Minaretten und über die Sabbat-Sirene am Freitagabend aufregen, nicht jedoch aber über diese Art von »Stadtbildverschönerung«. Ich würde mir von den Kritikern der Religionen wünschen, dass sie, wie sie sich über einen Aufruf zum Gebet echauffieren können, mindestens genauso heftig gegen Religion polemisieren, wenn sie in Form von Kitsch oder Konsum daherkommt. Wie es aussieht, stehe ich mit meiner Anti-Straßenbeleuchtungs-Kitsch-Position aber auf ziemlich verlorenem Posten. Sei's drum, ich werde es wohl aushalten müssen.

Nun aber wieder zurück zur Eingangsfrage. In der Tat werden im Namen der Religion momentan im Heiligen Land schreckliche Gewaltverbrechen verübt. Zuerst denkt man dabei sicher an die Gräueltaten von Vereinigungen wie Da'ash, die in Deutschland unter dem Namen »Islamischer Staat« oder kurz IS bekannt ist. Andere denken dabei sicher auch an die Nusra-Front, die Hisbollah, die Hamas oder den Islamischen Dschihad. National-religiöse jüdische Siedler sind ebenfalls nicht gerade zimperlich im Umgang mit Gewalt und Zerstörung, und manche Christen, die das Heilige Land besuchen, werfen durch ihr Agitieren ebenfalls große Fragen auf. Im Fernen Osten hören wir von Buddhisten, die in Myanmar Muslimen Gewalt antun, in Indien von Hindus, die Christen angreifen, und in Pakistan von Muslimen, die gegen Hindus vorgehen. Es scheint, dass jede Religion ihre aggressiv intoleranten und gewalttätigen Schattenseiten hat. Offenbar ist es auch nicht das Privileg einer bestimmten Religion, Idioten in ihren Reihen zu haben. Es war sicher nie leichter als heute, Gründe zu finden, um Atheist zu werden, auch wenn ein Blick auf die großen zerstörerischen atheistischen Ideologien wie den Nationalsozialismus oder den Kommunismus zeigen, dass ein Zurückdrängen von Religion und eine Abkehr von Gott offenbar auch keine wasserdichte Friedensalternative ist.

Ich weigere mich vehement, diese Gewalttäter im Namen einer Religion als gläubige oder religiöse Menschen
anzusehen. Es ist unfair, diese Leute mit den oben be-
schriebenen 5:00 Uhr-morgens-Betern in einen Topf zu
schmeißen! Das sind für mich nämlich die wahren religiösen Menschen! Die Gewalttäter haben dagegen so viel mit
Religion zu tun wie ein Hooligan mit dem Fußballspiel!
Während ich meine 5:00 Uhr-Freunde – um im Bild zu
bleiben – mit den wahren Fußballfans vergleichen möchte, die voller Begeisterung und Leidenschaft für das brennen, was auf dem Platz geschieht, so sind die Gewalttäter
für mich Hooligans, die zwar rein äußerlich wie ein echter
Fan gekleidet sind, aber doch nicht wirklich für die Sache
leben, also für das, was auf dem Platz geschieht, sondern
allein das stärkende Gruppengefühl suchen und dieses in
Abgrenzung zu anderen auch mit Gewalt ausleben: Das
Fußballspiel selbst ist dabei lediglich der Anlass, um sich
zur »dritten Halbzeit«, der Gewalteskalation, zu treffen.

Deshalb schlage ich vor, diese Menschen »Hooligans der
Religion« zu nennen. Sie sehen einem echten Gläubigen
sehr ähnlich, da sie sich äußerlich mit allen Accessoires
eines Religiösen schmücken – darin ja nicht unähnlich
den Hooligans im Stadion, die Fanbekleidung tragen –,
doch im Gegensatz zu den Tiefgläubigen, die voller Begeisterung und Leidenschaft für Gott brennen, geht es den
Religionshooligans um die identitätsstiftende Gruppen-
identität, welche immer wieder bewusst die Abgrenzung

zu den anderen Religionen sucht, gerne auch gewaltsam. Ich möchte dazu ein Erlebnis schildern.

Der Jerusalemer Zionsberg hat zwei Gesichter: eines bei Tageslicht und eines bei Dunkelheit. Und damit meine ich nicht die wunderbare Fernsicht auf unseren Berg, der sich vor der Jerusalemer Altstadt im Südwesten erhebt. Über die Geschmacksfrage, ob ein in der Sonne gelegener oder ein nächtlich angestrahlter Zion schöner ist, möchte ich nicht entscheiden müssen. Bei den erwähnten zwei Gesichtern geht es mir um die Nahperspektive, nämlich wie sich das menschliche Treiben in den verwinkelten Gässchen gestaltet: zwischen Abendmahlssaal, Dormitio-Abtei, Davidsgrab, Griechisch-Orthodoxem Seminar, Franziskanerkloster »Coenacolino« und den zahlreichen Friedhöfen (Armenisch-Apostolisch, Griechisch-Orthodox, Anglikanisch-Lutherisch, Katholisch, Muslimisch und denjenigen der Franziskaner-Kustodie und unserem eigenen).

Tagsüber herrscht in diesen Gässchen ein geschäftiges Treiben, da Christen, Juden und Muslime aus aller Herren Länder die ihrer Religion heiligen Orte auf dem Zionsberg aufsuchen, wobei sich unter diese Pilger immer mehr Touristen mischen, denen die Kunstgeschichte wichtiger als die Heilsgeschichte ist. Es sei ihnen vergönnt! Ihre Geschäfte machen die fliegenden Händler rund um unsere Kirche herum mit beiden Arten von Zionsbesuchern gerne.

Nachts offenbart der Zion sein anderes Gesicht, wenn Pilger, Händler und Touristen sich für den nächsten Tag ausruhen. Dann ist der Zion ein verlassener Ort mit lauter dunklen und versteckten Gässchen. Hier verabreden sich dann Liebespaare zum Rendezvous, treffen sich Jugendliche auf eine Wasserpfeife oder verüben national-religiöse jüdische Splittergruppen einen vandalistischen Akt gegen die Friedhöfe der »Andersgläubigen« oder gegen eines der Kirchengebäude. Die internationale Presse berichtet mittlerweile ja ausführlich über die geschändeten Gräber, die zerstörten Autos, die hasserfüllten Schmierereien auf den Kirchenmauern, wie etwa »Tod den Christen!«, oder über die Brandanschläge, wie der auf unsere Dormitio-Kirche im Mai 2014 oder der auf das benachbarte Griechisch-Orthodoxe Seminar im Februar 2015.

Vor Kurzem habe ich in dieser Hinsicht aber hinzulernen müssen. Bislang hatte ich immer angenommen, dass die radikalen jüdischen Siedler, die regelmäßig vor mir ausspucken, mich beschimpfen oder mich auffordern, nach Italien zurückzugehen – in deren engem Weltbild kommen offenbar alle Ordensleute im Heiligen Land aus Italien –, dies lediglich tun, um mich zu provozieren. Seit Kurzem glaube ich dies nicht mehr. Ich ging jüngst kurz vor 21:00 Uhr auf unser Klosterdach, um die kühle Nachtluft einzuatmen und die Aussicht auf den angestrahlten Ölberg gegenüber zu genießen. Währenddessen kamen drei Siedlerjugendliche durch die Gasse auf unsere Kirche zu. Sie sahen mich nicht, da sie keine Zeit hatten, die Köpfe zu mir nach oben zu recken, so vertieft waren sie in ihr Gespräch. Pünktlich um 21:00 Uhr schlug unsere Turmuhr, alle drei zuckten zusammen, hielten sich die Ohren zu und spuckten auf den Boden. Dies wiederholte sich noch ein paar Sekunden später, als nach den vier hellen Glockenschlägen, welche die volle Stunde verkünden, die große Glocke neun Mal schlug, um die Uhrzeit anzuzeigen. Da die drei dachten, dass es mit den vier hellen Schlägen genug wäre, zuckten sie beim Schlag der großen Glocke wieder zusammen und wieder …

Diese jungen Menschen wollen uns Mönche nicht provozieren! Sie sind völlig in ihrem Hass gefangen und können nicht aus ihrer Haut!

Es wird Zeit, dass alle, die das Heilige Land lieben, unmissverständlich klarmachen, dass es beim Glauben um Gottsuche und nicht um Identitätssuche geht! Wir brauchen mehr begeisterte Anhänger der Religion, deren Herzen für das Projekt Gottsuche brennen – nicht jedoch »Hooligans der Religion«, die sich für das Wesentliche des Glaubens nicht interessieren, sondern sich durch Abgrenzung und Aggression ihrer selbst vergewissern wollen!

Ich betone das so sehr, da ich befürchte, dieses Thema könnte die entscheidende Herausforderung für die Zukunft werden, und zwar global! Mit »Kämpfen für Deutschland« oder »Kämpfen für Frankreich« werden keine Massen mehr hinter dem Ofen hervorgelockt, aber ich befürchte, dass von der Parole »Kämpfen für Gott« oder »Kämpfen für von Gott gegebenes Land« eine wachsende Anziehungskraft ausgeht. Ich möchte ausdrücklich betonen, dass ich in unserer heutigen unruhigen Zeit die bleibende Aufgabe einer funktionierenden Landesverteidigung sehr wohl sehe, sie macht mir aber Angst, wenn sie religiös überhöht wird – aber auch das ist wahrlich kein Spezifikum einer besonderen Religion, eines bestimmten Landes oder einer speziellen Epoche.

Ich denke, dass alle Religionsführer in einer enormen Verantwortungsposition gegenüber den jungen Leuten stehen, die in unserer globalisierten und schnelllebigen Zeit nach einer festen Stütze und sicherem Halt in all dem Wirrwarr hungern. Diese jungen Leute haben das Recht, nicht mit billigen Antworten abgespeist zu werden, so als ob es auf alle Fragen eine klare einfache Antwort gäbe – ganz in dem Sinne von »Die Bibel ist die Lösung!« oder der »Koran ist die Lösung!«, dort stehe alles wortwörtlich drin –, vielmehr sollten sich die Religionsführer mit den jungen Leuten gemeinsam auf den Weg der Gottsuche machen und sie in ihrem Ringen sensibel und weise begleiten. Geduldige Anleitung und einfühlsame Begleitung zur Gottsuche, statt billiges Abfertigen mit scheinbar zweifelsfreien Antworten, welche eine klar umgrenzte Identität bescheren: Das ist meines Erachtens der Weg! Wahre Religiosität, die Gott sucht, schenkt nämlich den demütig realistischen Blick, dass der andere genauso Suchender, genauso ein Abbild Gottes und von Gott genauso geliebt ist wie ich selbst. Solch eine gesunde Religiosität ist das beste Gegengift gegen Rassismus, Chauvinismus, Antisemitismus und jede andere Art von Menschenverachtung.

7
DIE JUDEN

Oder: Liebst du die Juden?

Die Frage, ob ich die Juden liebe, wurde mir, ganz ehrlich gesagt, noch nie in einem Gespräch gestellt. Das sehe ich durchaus als Kompliment an, da ich offensichtlich keinen Anlass zu derartigen Nachfragen gebe. Ja, natürlich liebe ich die Juden – genauso wie ich auch die Christen, Muslime, Drusen und religiös Unmusikalischen in mein Herz geschlossen habe.

Die Frage möchte ich hier in diesem Buch dennoch behandeln, da sie mir von einer einzigen Person immer wieder mal am Telefon gestellt wird: und zwar von meiner Mutter. Hintergrund sind oft Gespräche über Erlebnisse mit radikalen national-religiösen Juden, wenn ich also an einem Tag gleich mehrere Spuckattacken erlebt habe und aggressiv angegangen wurde, nur weil ich mich als Mönch erkennbar in Jerusalem bewege. Dann kommt oft die Nachfrage vom anderen Ende der Leitung, ob ich die Juden lieben würde. Ich konnte und kann dies jedes Mal von ganzem Herzen bejahen. Die sorgenvolle Nachfrage meiner Mutter kann ich übrigens gut verstehen: Es ist ja eine große Verlockung, eine ganze Gruppe innerlich abzuschreiben und als Problem zu identifizieren, das an allem Schuld ist. Wenn man mit einer Gruppe im Alltag genug negative Erfahrungen gesammelt hat, wächst die Gefahr dieser Verlockung natürlich enorm. Wenn ich darum mal wieder zu viele negative Erfahrungen mit den Christen-hassenden national-religiösen Splittergruppierungen gemacht habe, ist es für mich schon zu einem heilsamen Ritual geworden, meine Mutter anzurufen, wissend, dass sie mir die bekannte Frage stellen und dafür sorgen wird, dass wir das Telefonat erst dann beenden, wenn ich sie durch viele positive Erlebnisse mit Juden aus der letzten Zeit glaubhaft davon überzeugen konnte, dass ich die Juden immer noch liebe, auch wenn einige wenige mir mit Hass begegnen.

Meine Mutter ist bei diesem Thema übrigens nicht zuletzt deshalb so hartnäckig, da sie mir von Kindesbeinen an viel über das Judentum erzählt und mir eine große Liebe zu dieser Religion ins Herz gelegt hat, da die Mutter ihrer Mutter selbst Jüdin war. Dieser Umstand führte übrigens auch dazu, dass nicht nur bei meiner Priesterweihe in Jerusalem im Jahr 2013 zahlreiche Juden mitgefeiert haben, sondern auch bei meiner Heimatprimiz in Fulda, also bei meiner ersten Heiligen Messe auf heimischem Boden, der ich als Priester vorstehen durfte.

Dieses Kapitel soll jetzt also eine Liebeserklärung an die Juden hier im Heiligen Land sein, die mich immer wieder neu faszinieren und beschenken. Die Hooligans unter ihnen werde ich hier nicht berücksichtigen: Wer sich mir gegenüber permanent danebenbenimmt, muss in diesem Kapitel außen vor bleiben.

Beginnen möchte ich mit der fremdartigsten Gruppe von Juden, die bei Touristen ein beliebtes Fotomotiv
darstellen und von denen nicht wenige Besucher eher ir-
ritiert als fasziniert sind. Gemeint sind die Haredim, die
bei uns in Deutschland oft unter der Bezeichnung »Ultra-
orthodoxe« bekannt sind. Hier in Israel spricht man gerne auch von den »Schwarz-Weißen«, da diese beiden
Farben tatsächlich ihre Kleidung dominieren. Wenn sie
als Großfamilien – acht bis zehn Kinder sind bei ihnen
durchaus normal – durch ihre Stadtviertel in Jerusalem,
wie etwa Mea Shearim, laufen, deren Häuserfassaden
durch den hellen Jerusalemer Kalkstein geprägt sind, geben sie ein wunderbares Bild ab, das einen mitten aus dem
21. Jahrhundert zwei Jahrhunderte in die Vergangenheit
zurückzaubert. Als Mönch ihnen zu begegnen ist immer
ein Erlebnis. In der Regel ignorieren sie mich, nicht bös-
willig, aber sie haben Wichtigeres zu tun. Ich bin für sie
kein Problem. Frauen im Minirock müssen sich hingegen
durchaus auf das ein oder andere scharfe Wort einstellen.
Ich bin sittsam gekleidet und ein frommer Mann. Das ist
für sie okay, das Judentum möchte ja nicht missionieren.
Sehr selten trauen sie sich sogar, mich anzusprechen und
wollen mit mir über den Glauben reden. Das Gesprächsthema ist hierbei fast immer dasselbe, nämlich warum ich
unverheiratet sei. Das Gespräch läuft dann etwa so ab:

Haredi: »Entschuldigung, du bist doch Mönch, oder?«

Ich: »Ja, das hast du richtig erkannt!«

Haredi: »Warum verstoßt ihr gegen das erste Gebot der Bibel, das Gott uns gegeben hat – ›Seid fruchtbar und vermehret euch!‹? Wie kannst du ein frommer Mann sein und gegen Gottes erstes Gebot verstoßen?«

Ich: »Wir glauben wie ihr ja an ein Leben bei Gott nach dem Tod. Dann werden wir nicht mehr heiraten oder verheiratet sein. Gott allein genügt dann in jeder Hinsicht. Wir Mönche leben hier auf Erden schon so, als ob wir bereits im Himmel wären. Wir als Mönche erinnern unsere Mitchristen daran, dass es eine Auferstehung von den Toten gibt und dass die paar Jahre hier auf Erden nicht alles sind.«

Haredi: »Ja, ihr habt es gut! Ihr seid vollkommen frei für das wirklich Wichtige. Die Sorgen um die Familie kosten einen ja schon viel Zeit und Energie. Mal schauen, vielleicht setzt ja auch bei uns ein Umdenken ein. Aber Gottes Gebot ist eben Gottes Gebot. Dir noch einen schönen Tag.«

Ich: »Ja, wünsche ich dir auch!«

Danach muss ich immer unglaublich grinsen, da ich in Deutschland noch nie so vollkommen entspannte Gespräche über meine Lebensform geführt habe, wie hier in Jerusalem mit ultraorthodoxen Juden.

Überhaupt, die armen Haredim. Es gibt einen stillen Konsens zwischen Israelis und Ausländern, dass man eine Gruppe von Juden furchtbar schrecklich finden darf, ohne sich dabei dem Vorwurf des Antisemitismus auszusetzen:

eben die ultraorthodoxen Juden. Da wird dann ordentlich vom Leder gezogen: Sie wollen, dass Frauen und Männer in öffentlichen Verkehrsmitteln getrennt sitzen, sie gehen nicht zur Armee, leben von staatlichen Transferleistungen, da nur die Frauen bei ihnen arbeiten, während die Männer fast den ganzen Tag den Talmud studieren, und sie wollen Israel angeblich in einen Gottesstaat verwandeln. Ich muss sagen, dass ich keine Lust habe, bei diesem Bashing mitzumachen. Ich kann nichts Böses über sie sagen.

Es stimmt, dass sie nicht zur Armee gehen. Das ist mir aber herzlich egal. Ich war auch nicht bei der Armee. Die Transferleistungen vom Staat werden auch gerne übertrieben, da sie einerseits Unterstützung von reicheren Familien aus den USA bekommen und andererseits oft in extrem einfachen Verhältnissen unter der Armutsgrenze leben und sich untereinander in ihrer Gemeinde solidarisch unterstützen. Den Vorwurf, dass sie Israel in einen Gottesstaat verwandeln wollen, kann ich auch nur bedingt nachvollziehen. Es stimmt, dass sie in Israel ihren Glauben in strengster Auslegung praktizieren wollen. Sie wollen dabei aber vorrangig in Ruhe gelassen werden. Im Gegensatz zu den Nationalreligiösen, die nach dem Motto handeln: »Hilf dir selbst, dann hilft dir Gott!«, haben die Ultraorthodoxen eine große Geduld: Der Messias wird sein Volk Israel zusammenführen. Das ist auch der Grund, warum die Haredim in der Regel keine glühenden Zionisten und Patrioten sind, sondern politisch oft eher linke Positionen vertreten. Sie sind der Meinung, Israel mehr durch ihr Gebet als durch den Dienst an der Waffe zu dienen, da nur Gott sein Volk beschützen kann, nicht jedoch der Mensch.

Ich fasse kurz zusammen: Die Ultraorthodoxen sind ziemlich unpolitische Zeitgenossen, die viel Zeit ihres Lebens mit Gebet und Studium verbringen, den Kriegsdienst verweigern und in einfachsten Verhältnissen mit ihren kinderreichen Familien leben, und zwar in sehr traditionellen Strukturen. Nun, ganz ehrlich: Es gibt meines Erachtens Schlimmeres auf dieser Welt. Ich mag die Haredim! Ihr Lebensstil und ihr Outfit, die so gar nicht in unsere Zeit passen, sind ja gar nicht so unähnlich zu meinem Lebensstil und meinem Outfit – allein die Sache mit der Ehe, da besteht noch großer Gesprächsbedarf! An dem Thema sind wir aber dran.

Eines muss ich noch zu den Ultraorthodoxen sagen, denn sie ernten immer wieder meine größte Hochachtung bei einem Punkt: Sie haben unglaublichen Respekt vor der Würde und Heiligkeit jeden menschlichen Lebens. Wenn es um das Leben geht, muss alles andere zurückstehen. Religiös liegt das darin begründet, dass alle Gebote von Gott erlassen wurden, »damit du lebst«. Dieses »damit du lebst« kann alle anderen Gebote und Verbote außer Kraft setzen. Auch am Sabbat werden einem Krankenwagen mit Blaulicht alle Straßensperren geöffnet, das letzte Geld in der gesamten Gemeinde wird zusammengekratzt, um einem Mitglied eine optimale medizinische Versorgung zu ermöglichen, und der liebevolle Umgang der Haredim mit ihren Alten und Behinderten rührt immer wieder mein Herz. Die Ultraorthodoxen sind das Gegenteil einer Wegwerfgesellschaft, in der nur Leistung zählt. Von den »Schwarz-Weißen« können wir das Leben lieben lernen, und zwar jedes Leben, egal wie sehr es »funktioniert« oder eben nicht (mehr)!

Ich möchte nun meinen Blick auf eine andere Gruppe von Juden lenken, zu der ich viele aus meinem Freundeskreis zählen darf. Ohne hier ins Detail zu gehen, so gilt doch auch, was die konfessionelle Vielfalt betrifft, der bekannte Spruch: Wie es sich »christelt«, so »jüdelt« es sich. Gehen wir im Heiligen Land von etwa fünfzig verschiedenen christlichen Konfessionen aus, so wird diese Zahl von den verschiedenen jüdischen Denominationen locker um ein Vielfaches übertroffen. So kann man das Judentum von seinen Riten etwa grob ins aschkenasische Judentum – dessen Ursprünge in Zentral- und Osteuropa liegen –, ins mizrachische oder sephardische Judentum – dessen Wurzeln sich auf der Iberischen Halbinsel und in Nordafrika befinden –, und ins jemenitische Judentum unterteilen. Bei diesen Gruppierungen gibt es aber wieder große Unterschiede. Beispielsweise gehören sowohl die Litauer wie auch die Chassidim zum aschkenasischen Judentum, doch während die Litauer – ganz vereinfacht ge-

121

sagt – eher intellektuell orientiert sind, wählen die Chassidim einen stärker mystischen Zugang zu ihrem Glauben. All diese Formen kann man natürlich eher ultraorthodox, orthodox oder gemäßigt orthodox leben. Die große Gruppe des Reformjudentums teilt sich wiederum ins konservative, liberale und Unionsjudentum auf. Dann gibt es natürlich auch sehr kleine Sondergruppen, wie die Samaritaner oder Karäer, die beide ebenfalls in Israel zu Hause sind und wegen ihres sehr speziellen Charakters als »nicht-jüdische Juden« in den offiziellen Statistiken geführt werden. Noch gar nicht erwähnt habe ich dabei die Gruppe der national-religiösen Juden, die der Siedlerbewegung nahestehen, und, und, und …

Während ich bei den Ultraorthodoxen auch in den nächsten Jahrzehnten immer der Beobachter von außen bleiben werde, lassen die Juden, die sich zur modernen Orthodoxie, zu einem der Zweige des Reformjudentums oder gar selbst als säkular verstehen, mich an ihrem Leben teilhaben. Was ich an all diesen drei Gruppen schätze, so unterschiedlich sie auch sind, ist ihre absolute Unkompliziertheit. Ein Besuch bei ihnen zu Hause ist für mich wie ein Heimkehren in meine Kindheit, in der auch Künstler aus aller Welt an einem Tisch gesessen, gegessen, getrunken und gelacht haben. Ich kann ehrlichen Herzens sagen, dass ich mich bei meinen jüdischen Freunden noch nie gelangweilt, noch nie uninteressante Gespräche geführt oder etwas in irgendeiner Weise als unangenehm emp-

funden habe. Ich genieße es einfach: Man darf ruhig eine
Stunde zu spät kommen, ist sofort per Du mit allen, der
Kühlschrank ist zur Selbstbedienung gedacht und man
kann kommen, wie man will, und reden, wie man möchte. Das Gefühl des Peinlich-berührt-Seins, sich nichts zu
sagen haben, seine Worte genau abwägen zu müssen – all
das gibt es nicht. Erlaubt sind alle Gesprächsthemen außer Belanglosigkeiten und das Wetter. Glaube, Politik und
Gesellschaftsentwürfe sind beliebte Themen. Die Zeit ist
zu kostbar für belanglosen Small Talk. Auf Plastikstühlen
sitzt man auf dem Flachdach des Hauses, das Weinglas in
der einen Hand, den Plastikteller mit mundgerecht ge-
schnittenen Melonenstücken in der anderen Hand, mit
Professoren der verschiedenen Universitäten, Rabbinern,
Start-up-Unternehmern und Kunstschaffenden, welche in
kurzer Hose, Flipflops und T-Shirt erschienen sind, und
redet über Maimonides, über das israelisch-iranische Verhältnis und über den Sinn und Unsinn von Genderstu-
dien. Ich fühle mich dabei immer pudelwohl und erschre-
cke, wie schnell die Zeit vergeht. Als deutscher Mönch
und Römisch-Katholischer Priester bin ich dabei voll akzeptiert und integriert.

Zwei Dinge fallen mir im Umgang mit meinen jüdischen Freunden auf, die ich in Deutschland so schmerzlich vermisse: der entspannte, selbstverständliche Umgang mit Religion und das ausgeprägte Bewusstsein für
Geschichte.

Es ist vollkommen normal, dass man auf religiöse Bedürfnisse Rücksicht nimmt. Wenn jemand sich zum Gebet zurückziehen will, kann er das tun, wenn jemand nur koscher isst, wird das selbstredend akzeptiert, und überhaupt ist Religion kein peinliches Tabu-Thema, über das man besser nicht spricht, sondern ein spannender Themenbereich, über den man einen ganzen Abend lang miteinander reden kann. Ich glaube, dass ich mittlerweile mit mehr Juden über die Theologie der Dreifaltigkeit Gottes gesprochen habe als mit Christen, und ich bin immer wieder positiv überrascht, wie neugierig meine Freunde an allem interessiert sind, was mit Glaube und Religion zu tun hat. Umgekehrt freuen sie sich auch riesig, wenn man ihnen über das Judentum ein Loch in den Bauch fragt.

Das andere ist die Freude an Geschichte und das Bewusstsein für historische Entwicklungen. Während man in Deutschland gerne und oft über den Zweiten Weltkrieg redet, bieten sich in Israel auch die Kreuzfahrerzeit, die Römerzeit oder die Eisenzeit als Gesprächsthemen an. Hier hat man Freude an Geschichte, was wohl nicht zuletzt auch an der jüdischen Religion selbst liegen mag.

Meines Erachtens sind das die zwei größten Missverständnisse zwischen Deutschen und Israelis: Die Deutschen unterschätzen vollkommen die Bedeutung von Religion und das Geschichtsbewusstsein der Israelis. Hier ist eben Religion keine Privatsache, die man möglichst so praktiziert, dass sich ja niemand dadurch belästigt füh-

len könnte; und Geschichte ist hier nicht nur europäische
Geschichte, die mit dem Jahr 1933 beginnt, sondern hier
bestimmt die Herkunft die Zukunft. Es gibt hier regelrechte Grabenkämpfe bei der Geschichtsdeutung. Hier wird
etwa sehr leidenschaftlich über die Eisenzeit diskutiert, ob
nämlich gewisse archäologische Funde im Land bereits
aus dem 10. oder doch erst aus dem 9. Jahrhundert vor
Christi Geburt stammen. Meiner Meinung nach muss aus
diesem Grund jeder Lösungsansatz für den Nahostkonflikt diese beiden Faktoren viel, viel stärker berücksichtigen: die Rolle von Religion und die Bedeutung von Ge-
schichtsschreibung und -interpretation in dieser Region.

Ein bisschen mehr Musikalität in diesen beiden Berei-
chen täte meines Erachtens den Deutschen nicht schlecht.
Meine jüdischen Freunde würden sich als Musiklehrer
hervorragend anbieten. Ich habe von ihnen auf jeden Fall
schon viele neue Töne, Melodien, Harmonien und Inter-
valle gelernt.

8
DIE MUSLIME

Oder: Wie ist denn Ihr Verhältnis
zu den Muslimen?

Diese Frage ist ein regelrechter Klassiker, an dem man in keinem Gespräch vorbeikommt. Und der Unterton dieser Frage aus westlichem Mund ist fast immer der gleiche: Es ist dieses Sie-dürfen-ganz-offen-sprechen-wir-wissen-ja-was-los-ist-Unterton. Dabei merke ich, wie sich bei dieser Frage in den Köpfen der Fragesteller schon die Bilder zusammenbrauen von Islamisten, die Christen die Kehlen durchschneiden, von Frauen, die komplett verhüllt sind, und von einer generell archaisch anmutenden Religion, die intellektuell noch nicht in der Gegenwart angekommen ist.

Diese Erwartungshaltung von inneren Bildern legt sich wie ein unsichtbares Spinnennetz über mich und ich kann jedes Mal nicht anders, als dieses bedrohlich auf mich herabkommende Netz durch ein befreiendes »Ganz gut!« oder »Nicht schlecht!« möglichst schnell zu zerreißen, damit ich mich daraufhin in Ruhe einer echten und ehrlichen Antwort widmen kann.

Bevor ich dies auch hier versuche, möchte ich zunächst einen Schritt zurück machen. Irgendwie und irgendwo kann ich nämlich meine Fragesteller bestens verstehen. Ich blicke dann wie in einen Spiegel, da die Muslime mir jahrelang ebenfalls völlig fremd waren und sich bis heute meine Berührungspunkte und Beziehungen zu Musliminnen und Muslimen doch sehr bescheiden ausnehmen, wenn ich sie mit meinen viel engeren und vielfältigeren Kontakten und echten gewachsenen Freundschaften zu Juden, zu religiös Unmusikalischen oder gar zu den Vertretern verschiedener christlicher Kirchen und Konfessionen vergleiche. Ganz konkret formuliert: Ich wüsste genug jüdische, christliche oder säkulare Freunde hier im Land, die ich ohne schlechtes Gewissen auch nachts auf ihrem Handy anrufen könnte, wenn die Situation es erfordern sollte. Bei meinen muslimischen Freunden wüsste ich eventuell eine Person, bei der ich aber riesige Hemmungen hätte, dies wirklich zu tun, da ich nicht wirklich weiß, wie belastbar diese Freundschaft wirklich ist. Ich bekenne freimütig: Da ist noch enorm viel Luft nach oben.

Biografisch gesehen haben die Muslime bei mir auch eine sehr ungünstige Position: Bin ich als kleiner Knirps durch die verschiedenen Künstler aus aller Welt, die bei uns zu Hause ein- und ausgingen, schon sehr früh mit allen möglichen und auch unmöglichen selbst gezimmerten esoterischen Spielarten des christlichen Glaubens in Kontakt gekommen, und natürlich auch mit Juden und mit Menschen, die an keinen Gott glaubten, so kann ich mich an keine einzige Begegnung mit einem Muslim in dieser Phase meines Lebens erinnern. Wahrscheinlich bin ich heute auch Liturgiewissenschaftler und Ostkirchenkundler – und eben nicht Islamwissenschaftler –, da ich in dieser Phase meiner Kindheit die Orthodoxen

Künstler aus Zentral- und Osteuropa mit Abstand am spannendsten und interessantesten fand: »fremdartig« oder »exotisch« wirkte alles auf mich, das ich bei meiner ersten realen Begegnung mit einer Ostkirche erleben durfte, als ich nämlich als Schulkind mit einem russischen Künstlerpaar in Deutschland eine Göttliche Liturgie einer Russisch-Orthodoxen Gemeinde besuchte. Der Kirchenraum, das Verhalten der Gläubigen, der Gesang, die liturgischen Gewänder: Alles war für mich fremd und faszinierend zugleich. Ich weiß bis heute sehr genau, wie ich mit großen Augen alles um mich herum wahr- und aufgenommen habe und wie ich auf der langen Rückfahrt im Auto die beiden mit Fragen gelöchert habe. Meine Begeisterung für die Ostkirchen war durch das Kennenlernen einer ihrer Liturgien ab da unstillbar erwacht. Diese Kindheitserfahrung veranlasste mich, später im Studium meine Diplomarbeit zu den liturgischen Gewändern und Insignien im byzantinischen Ritus zu schreiben, da ich mich noch sehr gut erinnern konnte, wie begeistert ich von dem war, was ich in dieser Russisch-Orthodoxen Gemeinde sah, obwohl ich kein Wort der Liturgie verstehen konnte und auch nicht das Wie und Warum der vielfältigen verschiedenen Gewänder und Insignien in der Liturgie nachvollziehen konnte. Ich habe dann einfach Jahre später selbst nach den Antworten auf die Fragen geforscht, die mir damals als Kind keiner befriedigend beantworten konnte.

Doch nun zurück zu den Muslimen. Leider entpuppte sich mein vermeintlich erstes biografisches Rendezvous mit Angehörigen dieser großen Weltreligion als riesiges Missverständnis. Als Student des Fuldaer Priesterseminars jobbte ich ganz zu Anfang meines Studiums im Restaurant einer sehr bekannten Fast-Food-Kette. Viele meiner Arbeitskollegen, und zwar besonders die, mit denen ich mich am besten verstand, kamen aus Ägypten, Syrien und der Türkei. Ich freute mich sehr über die Chance, durch sie endlich mal einen persönlicheren Zugang zum Islam zu bekommen. Dann kam an einem 14. August die gemeinsame Mittagspause mit meinem ägyptischen Kollegen, der mich vollkommen entsetzt zur Rede stellte, wie ich an diesem Tag Fleisch essen könne, da doch am folgenden Tag ein großer Marienfeiertag sei und man vorher fasten müsse. Er sei maßlos enttäuscht von mir, da ich doch Priester werden wollte. Auf meine Entgegnung hin, dass wir als Römisch-Katholische Christen dieses Marienfasten nicht praktizieren würden und warum er sich als Muslim denn so gut mit dem christlichen Glauben auskenne, erhielt ich die leicht gekränkte Antwort, dass er Christ sei, und zwar Koptisch-Orthodoxer. Überhaupt seien die anderen beiden Kollegen auch Christen, nämlich der eine Syrisch-Orthodox und der andere Assyrer.

Was soll ich sagen? Es entstanden Freundschaften, die dazu führten, dass ich an Verlobungen und Hochzeiten, die in orientalischen Riten gefeiert wurden, teilnehmen durfte. Mein Interesse auch für deren liturgisches und kirchliches Erbe war geweckt. Seitdem hat nicht nur die östliche Orthodoxie einen festen Platz in meinem Herzen, sondern auch die orientalische. Aus diesem Grund schaue ich auch immer noch mit allergrößter Dankbarkeit auf meine Zeit im Fast-Food-Restaurant zurück – nur die Muslime blieben für mich weiterhin in weiter Ferne, wenn man von dem einen oder anderen Döner-Kebab-Verkäufer absieht, mit dem der Kontakt aber sehr oberflächlich blieb und bei dem ich mir auch nicht mehr sicher bin, ob das Muslime waren oder nicht auch, schon wieder, Christen.

Lieber Islam und liebe Muslime, es tut mir wirklich leid, dass ich mit euch nicht schon in meiner Kindheit und Jugend in Kontakt gekommen bin, zu einer Zeit, in der ich Stück für Stück die Welt der in Europa beheimateten christlichen Konfessionen und Religionen kennenlernen durfte und ihnen in persönlichen Begegnungen mit Gesichtern, Geschichten und Gottesdiensterfahrungen in meiner Biografie eine Verankerung geben konnte. Ihr kamt leider erst sehr spät hinzu, nämlich in meiner Zeit als Teilnehmer am Theologischen Studienjahr Jerusalem, das an unserer Dormitio-Abtei angesiedelt ist, und an dem ich, in meinem vor-mönchischen Leben, von August 2000 bis April 2001, teilnahm. Diese acht Monate im »Beit Josef«, im Josefshaus, auf dem Grundstück meines jetzigen Klosters, waren für mich mit all den damit verbundenen Erfahrungen extrem prägend. Wie ich es in einem anderen Kapitel ausgeführt habe, wäre ich ohne diese Zeit wohl kaum jemals Benediktinermönch in der Dormitio-Abtei auf dem Jerusalemer Zionsberg geworden.

In diesem einen Studienjahr wurde ich mit so vielen neuen Erfahrungen konfrontiert: dieses neue Land mit seiner uralten Geschichte, der politische Konflikt, die Archäologie, verschiedene Zugänge zur Bibel, die Welt der hier seit Jahrhunderten ansässigen Ostkirchen, das Judentum in all seiner vielschichtigen Buntheit – und eben auch der Islam. Um ehrlich zu sein, die Begegnung mit dem Islam blieb sowohl akademisch wie auch lebenspraktisch eher eine Horizonteröffnung am Rande. Die Welt des Judentums und – für mich persönlich ganz besonders – die der Ostkirchen hat mich einfach mehr fasziniert. Beide boten Anknüpfungspunkte: auf der einen Seite eine gemeinsame Geschichte und Kulturverbundenheit, und auf der anderen Seite der gemeinsame Glaube. Der Islam war zwar auch interessant, blieb aber fremd, da der Brückenschlag ungleich schwerer fiel. Hier kamen Menschen aus einem anderen kulturellen Kontext und hatten zudem noch einen anderen Glauben. Wo sollte man beginnen, wo anknüpfen? Bezeichnend ist, dass noch aus dieser Studienzeit meine bis heute andauernde wichtigste Beziehung zu einem Muslim, einem damaligen Professor, herrührt. Ich vermute, dass er der Einzige ist, den ich mich trauen würde, nachts unter Umständen auf seinem Handy anzurufen, wenn die Situation es erfordern sollte. Bezeichnenderweise hat er in Deutschland studiert und ist mit einer Deutschen verheiratet. Das macht vieles einfacher.

Ich komme übrigens immer mehr zu der Überzeugung, dass viele Menschen in einem entscheidenden Punkt Glaube und Religion maßlos überschätzen. Beide werden als Brücke zwischen Menschen gesehen, doch kulturelle, sprachliche und mentalitätsmäßige Verbindungen verweisen sie mühelos auf die Ränge vier und fünf. Ich muss mich doch nur selber fragen: Was ist unkomplizierter und entspannter? Ein Bier oder Kaffee mit einem deutschsprachigen Juden oder mit einem arabischsprachigen Christen? Je nach den konkreten Personen kann die Antwort natürlich sehr unterschiedlich ausfallen, aber in der Regel wird es dann doch der deutschsprachige Jude sein – und das sage ich als Mönch! Natürlich vermögen ein gemeinsamer Glaube und Religion auch sehr vieles. Ich bin zum Beispiel sehr dankbar, dass mich ein palästinensischer Bischof zum Priester geweiht hat, sodass ich auf diesem Wege auch noch mal in besonderer Weise mit diesem Volk verbunden bin, wie ich es schon durch meine Mutter mit dem anderen bin.

Anscheinend brauche ich in irgendeiner Form einen gemeinsamen Kitt, der mich mit anderen verbindet, sonst wird die Kontaktaufnahme schwierig. Bin ich bei meinen christlichen Freunden sehr, sehr breit aufgestellt, da der gemeinsame Glaube hier große Brückenschläge zulässt, kommen meine jüdischen Freunde dann doch alle

135

von ihrem Ursprung her aus West- oder Zentraleuropa oder aus den USA. Ich habe keine jüdischen Freunde aus Afrika oder den Arabischen Ländern, was ich schade finde, es ist aber eine traurige Realität. Die Muslime im Heiligen Land sind nun mal allesamt keine Europäer, sodass meine Bilanz hier kaum besser ausschaut. Tatsächlich hatte ich bislang die besten und intensivsten Gespräche mit Muslimen, die wenigstens eine Zeit lang in Europa gelebt haben.

Seit einiger Zeit bemühe ich mich aber immer mehr um eine Annäherung an die für mich immer noch relativ fremde Lebenswelt der Muslime. Richtig ins Rollen kam dieser Prozess für mich am Ende meiner Doktorarbeitsphase. In den letzten Zügen meiner Dissertation habe ich nämlich nicht mehr in Wien geschrieben, wo ich an der dortigen Uni später promoviert wurde, sondern im Jerusalemer Konvent der Afrikamissionare in St. Anna, die sich hier nach ihrem Spitznamen »Weiße Väter« nennen, um mit dem Begriff »Missionare« keine Missverständnisse zu verursachen. In dieser intensiven Schlussphase meiner Arbeit war ich als Benediktinermönch für einige Wochen Gast bei einem anderen Katholischen Orden, um konzentriert und ungestört schreiben zu können.

Dieses St.-Anna-Kloster ist von unserem Dormitio-Kloster nur ein paar Minuten Fußweg entfernt, doch es liegt in einer völlig anderen Welt, nämlich inmitten des Muslimischen Viertels der Jerusalemer Altstadt. In dieser

Zeit war ich automatisch umringt von Muslimen, wann immer ich vor die Tür ging. In dieser Zeit habe ich die Weißen Väter hin und wieder auch mal begleitet, wenn sie von ihren Nachbarn zu Hochzeiten oder auch Beerdigungen eingeladen waren. Ich erlebte herzlich und erfrischend lachende Menschen, aber auch herzzerreißend trauernde Menschen, die eben Musliminnen und Muslime waren. Es ist zwar banal und vorhersehbar, aber dann doch eine unersetzliche Erfahrung, wenn man erleben darf, dass Muslime sich nicht mehr oder weniger authentisch freuen oder trauern als Christen, Juden oder religiös Unmusikalische. Wahrscheinlich ist dies auch der Königsweg jeglicher Friedensbemühungen: den anderen, den Fremden, vor allem als Mitmenschen zu sehen. Und der Königsweg aller Kriegstreiber ist wohl die Dehumanisierung des anderen, des Fremden, dem man sein Menschsein abzusprechen und in ihm ein Monster zu sehen versucht.

So schnell ich auch auf einmal einen Bezug zu den Musliminnen und Muslimen, also den Menschen, herstellen konnte, so spannend und herausfordernd ist der zweite Schritt: eine Beziehung zu ihrer Religion, dem Islam, aufzubauen. Tatsächlich habe ich einen Weg gefunden, mir auch hier langsam einen Zugang zu verschaffen. Weil ich als Kind schon früh von Liturgien so begeistert gewesen bin, dass ich bis heute sowohl wissenschaftlich wie auch ganz praktisch als Zeremoniar unserer Gemeinschaft, also als Verantwortlicher für die Liturgie unseres Klosters, viel

Zeit in diesen Bereich investiere – vor allem die gemeinschaftliche Feier der verschiedenen Gottesdienste ist für mich immer ein Highlight –, so musste ich nach einem ähnlichen Zugang zum Islam erst suchen. Betende Muslime haben mich nie wirklich fasziniert, bis durch meine Zeit bei den Weißen Vätern in St. Anna der Umschwung kam. Dort wurde ich nicht nur Ohrenzeuge der Gebetsrufe des Muezzin von der Großen Moschee, der Al-Aqsa, sondern auch der öffentlichen Koranrezitation am Freitagmorgen. Letzteres fand ich sehr beeindruckend, da in dieser kunstvollen Art und Weise des Vortrags des Korans eine Schönheit zum Vorschein kam, die ich vorher nicht wahrgenommen hatte. Ja, der Koran ist wirklich betörend schön, wenn man ihn so hört, genauso aber auch die Tora, wenn aus ihr in der Synagoge feierlich gelesen wird, und nicht weniger das Evangelium, wenn es in den verschiedenen Riten in der diesen Kirchen je eigenen Art feierlich verkündigt wird. Wahrscheinlich ist dies der verbindende Kitt zwischen den drei abrahamitischen Religionen: die Liebe zur Schönheit des Wortes Gottes.

Nun aber nochmal ganz zurück zur Eingangsfrage. Wie ist mein Verhältnis zu den Muslimen? Ich kann nichts Negatives über den Islam sagen, da wir als Kloster und auch ich persönlich durch ihn und seine Vertreter nichts Böses erfahren mussten. Auf der anderen Seite muss man aber auch deutlich sagen, dass wir kaum Kontakte haben. Natürlich bin ich nicht naiv. Ich nehme sehr wohl wahr, welche perversen und unvorstellbar grausamen Verbrechen im Namen des Islam in den Nachbarländern meiner Wahlheimat verübt werden. Diesem Phänomen der »Religionshooligans« habe ich aber ein eigenes Kapitel in diesem Buch gewidmet, sodass ich es hier nicht weiter ausführen oder mich wiederholen muss.

Zum Schluss kann ich sagen, dass meine Kontakte zu Muslimen und zum Islam auf jeden Fall noch immer stark ausbaufähig sind. Ich verspreche aber, dass ich dranbleibe und mich weiter vortasten werde, auch wenn ein letztes Stück Fremdheit wohl immer bleiben wird. In meinem Herzen haben sie aber längst einen festen Platz.

9
GAZA

*Oder: Sie sind wirklich schon mal
in Gaza gewesen?*

Gaza. Wohl kein Fleckchen Erde löst so viele verschiedene Emotionen aus wie Gaza. Ich vermute, dass sich in diesem Fall sogar das aufmerksamkeitsverwöhnte Jerusalem hinten anstellen muss.

Gaza. Für einige Menschen dieser Erde Synonym für das größte Freiluftgefängnis dieser Welt, in dem die israelische Besatzungspolitik ihre ungeschminkte Fratze entblößt, da sie die Menschenwürde der Bewohner mit Füßen tritt und sie jeder Zukunftsperspektive beraubt.

Gaza. Für andere wiederum Synonym für die fruchtbarste Brutstätte islamistischen Terrors auf dieser Welt, wobei sie die Menschenwürde der eigenen Bewohner mit Füßen tritt und sie jeder Zukunftsperspektive beraubt.

In einem sind sich beide Parteien dann aber doch einig: Gaza ist die Hölle auf Erden! Die Differenzen stellen sich erst ein, wenn man nach den Gründen dieser Situation fragt ...

Einen ganzen Tag in dieser vermeintlichen Hölle hat mir das Ramallah-Büro der Konrad-Adenauer-Stiftung zu meinem 36. Geburtstag geschenkt. Dies war mit Abstand mein schönstes Geburtstagsgeschenk – und das meine ich ganz ehrlich und ohne jeglichen sarkastischen Unterton. Das Problem an Gaza ist nämlich hier im Heiligen Land, dass zwar jeder und jede zu Gaza eine Meinung

143

hat, aber kaum jemand bisher dort war. Die Mehrzahl der Mitarbeiter der verschiedenen politischen Stiftungen, der Diplomaten und sogar der Journalisten hat noch nie diesen Flecken Erde betreten, auch nicht, wenn sie teilweise schon seit Jahren im Heiligen Land leben und von hier berichten – ganz zu schweigen von den normalen Pilgern und Touristen, die keinerlei Chance haben, einen Fuß hineinzusetzen. Eine Genehmigung, Gaza zu betreten, braucht viel diplomatischen Aufwand. Wenn man eine solche dann endlich erhält, ist sie dennoch keine Garantie, da man in letzter Minute aus Sicherheitsgründen immer noch von der Einreise abgehalten werden kann. So gilt der berühmte Spruch unter Diplomaten und Journalisten: »Du weißt erst, dass du nach Gaza hineindarfst, wenn du wirklich in Gaza bist.«

Unsere kleine Gruppe, bestehend aus dem Leiter der Konrad-Adenauer-Stiftung in Ramallah, dem Propst der Evangelischen Erlöserkirche in Jerusalem mit seiner Frau und mir, haben uns aber von Anfang an vorgenommen, keinen Katastrophentourismus zu betreiben. Wir wollten an diesem 10. Dezember 2014 weder auf die Schutthügel der zerbombten Häuser steigen noch uns die militärische Infrastruktur der Hamas anschauen. Wir hatten ein ganz klares Besuchsprogramm: die Christen in Gaza. Wir besuchten zunächst die Griechisch-Orthodoxe Pfarrei in Gaza, dann die Römisch-Katholische und danach die Baptistische. Den Abschluss bildete ein Besuch bei den höchsten Vertretern des Islam in Gaza. Dieses doch sehr untypische Besuchsprogramm führte dazu, dass sich uns zahlreiche Medienvertreter anschlossen, um mehr über eine Seite von Gaza zu lernen, welche in der Berichterstattung bloß am Rande vorkommt.

Gaza ist nämlich in der Antike eine blühende christliche Landschaft gewesen. Zahlreiche Kirchen und Klöster standen dort und sind bis heute noch in Benutzung oder legen als archäologische Monumente still Zeugnis von der großen christlichen Vergangenheit ab. Aus Gaza kommen viele Heilige und großartige Kirchenlehrer: Dorotheus von Gaza, Hilarion von Gaza, Hesychius von Gaza oder – um auch eine große Frau zu nennen – Thea von Gaza sind nur einige herausragende Namen. Die Griechisch-Orthodoxe Porphyrios-Kirche, welche in ihren Anfängen auf das 5. Jahrhundert zurückgeht, und damit fast 200 Jahre älter ist als der Islam, erinnert an einen weiteren großen Heiligen: Porphyrios von Gaza. Diese Kirche ist heute die Griechisch-Orthodoxe Bischofs- und Pfarrkirche von Gaza und wird als solche auch aktiv genutzt. Ihr heutiges Aussehen verdankt sie aber zu weiten Teilen den Kreuzfahrern und stammt aus dem 12. Jahrhundert. Ihr Eingang befindet sich drei Meter unter dem normalen Straßenniveau, sodass man zu ihr hinabsteigen muss.

Doch alles der Reihe nach: Nachdem das Büro der Konrad-Adenauer-Stiftung über das Deutsche Vertretungsbüro in Ramallah und dieses über die Deutsche Bot-

schaft in Tel Aviv und diese über das Auswärtige Amt in
Berlin und dieses über das Außenministerium von Israel
sich eine Unbedenklichkeitserklärung der Geheimdiens-
te besorgt und mich und meinen evangelischen Kollegen
»einkoordiniert« hatte (so das neue Wort, das ich in diesem Zusammenhang dazulernen durfte), standen wir zu
viert am berühmten Personenübergang »Eretz«, welcher
der einzige Ein- und Ausgang für Menschen ist, die den
Gazastreifen in legaler und friedlicher Weise nach Israel
verlassen oder von Israel her betreten wollen. Vor Eretz
warteten bereits einige deutsche Korrespondenten. Auf
diese werde ich im Folgenden allerdings nicht weiter eingehen, da sie uns zurückhaltend und still begleitet haben.
Die Gespräche haben allein wir vier geführt. Die Journalisten haben dabei »stilles Mäuschen« gespielt und vieles für sich notiert. Sie haben diesen Besuch auf unseren
Wunsch hin auch nicht medial breitgetreten, sondern in
großer Neugier mit uns viel über Gaza dazugelernt. An
dieser Stelle muss ich wirklich meinen Hut ziehen, mit
welchem Berufsethos viele Korrespondenten hier ihrer
Arbeit nachgehen!

Zurück nach Eretz. Diesen Personenübergang stellt man
sich am besten wie einen großen Flughafen in Deutschland vor, auf dem so gut wie kein Betrieb herrscht. Das
Gebäude ist auf jeden Fall sehr beeindruckend. Nach einer ersten Dokumentenkontrolle betritt man eine große
Halle, in der sich meiner Erinnerung nach zehn große

Schalter für die Passkontrolle befinden – mit Schranken davor und dahinter. Geöffnet war genau ein Schalter. Und die wartende »Menschenschlange« bestand aus uns und zwei noch kleineren Diplomaten-Delegationen aus Brasilien und Deutschland, bei denen wir den ganzen Tag über nicht das Gefühl loswurden, dass sie uns als »Anstandswauwaus« aus einiger Distanz folgten. Da man sich pünktlich um 8:00 Uhr einfinden muss, wussten wir, dass wir an diesem Tag die einzigen Ausländer waren, die Gaza betreten durften. Das ganze Prozedere braucht dann etwa eine Stunde: Passkontrolle, Personenkontrolle, Durchgang durch die Mauer, ein langer Fußweg durch den Sicherheitskorridor, Ankunft am Checkpoint der Fatah, erneute Dokumentenkontrolle, danach Taxifahrt zum Checkpoint der Hamas, auch hier Dokumentenkontrolle und Gepäckkontrolle im Hinblick auf verbotenes pornografisches Material und Alkohol. Ab dann darf man sich in Gaza frei bewegen, wobei wir ja unter diplomatischer Beobachtung standen und daher die kürzesten und sichersten Routen zu unseren Zielen wählten. Da der letzte Gaza-Krieg ja Ende August 2014, also erst kurz vor unserer Ankunft im Dezember, beendet wurde, ging es tatsächlich auch darum, nur Straßen zu wählen, auf denen alle Blindgänger beseitigt worden waren.

Den Weg von Eretz nach Gaza-Stadt muss man sich einerseits schrecklich vorstellen, da die Straßen von etlichen zerbombten Gebäuden gesäumt wurden, andererseits aber

auch bizarr schön, da es zuvor stark geregnet hatte, alles
grünte und blühte und die das Straßenbild prägenden
Esels- und Maultiergespanne mitsamt den am Straßen-
rand weidenden Ziegenherden eine beinahe bukolische
Atmosphäre hervorriefen: Es bot sich ein Bild zwischen
mediterraner Schäferidylle und Kriegsverwüstungen. Ich
musste zugleich an Fotos von Köln nach dem Zweiten
Weltkrieg und an Landschaftsgemälde niederländischer
Meister denken.

Unser erstes Ziel war die Griechisch-Orthodoxe Kirche
des Heiligen Porphyrios, die zugleich Bischofs- und Pfarrkirche in einem ist. Die Griechisch-Orthodoxe Pfarrei ist
mit etwa 1200 Gläubigen mit Abstand die größte Pfarrei
in Gaza. Selbstverständlich eine verschwindend geringe
Minderheit in dem Meer der fast 1,8 Millionen Einwohner muslimischen Glaubens. Der Pfarrer und viele Mit-
glieder seiner Gemeinde warteten auf uns und bereiteten
uns einen ehrenvollen Empfang. Später erfuhr ich, dass
wir hier wie auch an den anderen Stationen unserer Reise
als offizielle Vertreter der Partei von Angela Merkel, der
Katholischen Kirche Deutschlands und der Evangelischen
Kirche Deutschlands erwartet wurden. Das Gespräch mit
dem Pfarrer und den Gläubigen war ungeheuer dicht und
intensiv. Wir erlebten starke Persönlichkeiten, die ihren
Mut und ihre Hoffnung nicht verloren hatten und sich
nicht um sich selbst sorgten, sondern ausschließlich um
die Zukunft und um die nächste Generation.

Große Erheiterung löste ich bei dem Pfarrer mit meiner Von-Priester-zu-Priester-Frage aus, wie er denn bei dem bestehenden Alkoholverbot in Gaza an den Wein komme, den er für den Gottesdienst benötige, ob er Saft verwende oder in der Badewanne etwas ansetze. Zu meiner großen Überraschung erfuhr ich, dass die Hamas die Kirchen mit Wein, aber auch mit Kerzen und Weihrauch beliefert, da sie all dies für die Liturgie brauchen.

Es waren vollkommen neue Perspektiven für mich: Alle Christen, die ich an diesem Tag traf, machten keinen Hehl aus ihrer Ablehnung gegenüber der Hamas. Wenn sie zu entscheiden hätten, würden sie sich natürlich eine säkulare Regierung wünschen, aber alle legten auch einen überraschenden Pragmatismus an den Tag: Die Hamas sei in der gegenwärtigen Lage das kleinere Übel. Die momentane Alternative seien nämlich keine liberaleren Gruppen, sondern noch radikalere Gruppierungen, die sich teilweise im Süden, an der Grenze zu Ägypten, im Verborgenen bilden würden. So würden übrigens auch alle Christen den Süden des Gaza-Streifens meiden und ausschließlich in Gaza-Stadt leben, wo sie sich sicher fühlten. Die Hamas würde sogar die Kirchen und christlichen Einrichtungen – wie auch die der Vereinten Nationen – bewachen, nachdem es zu Gewaltakten vonseiten dieser radikaleren Splittergruppierungen gekommen sei.

Ich gebe zu, dass dies eine vollkommen verstörende und neue Perspektive für mich war. Selten hat mich das Zuhö-

ren und das Verarbeiten von Gehörtem so viel Kraft ge-
kostet. Wir erfuhren viel von den Herausforderungen, als
Christ in Gaza zu leben, aber auch von der wunderbaren
ökumenischen Gemeinschaft. So würden alle Christen,
gleich welcher Konfession, zuerst am Samstagabend in die
Vorabendmesse der Katholiken gehen, dann am Sonntag
in der Frühe zu den Orthodoxen und am Sonntagnachmit-
tag zu den Baptisten. Ökumenischer offen habe ich noch
nie einen Orthodoxen erlebt: Ich sei immer herzlich zur
Liturgie willkommen und er würde sich freuen, wenn ich
einmal am Sonntag in seiner Gemeinde predigen würde.

Unser zweiter Besuch bei der Römisch-Katholischen
Pfarrei »Zur Heiligen Familie« vertiefte unsere Einblicke.
Auch hier ein großes Begrüßungskomitee, ein energie-
geladener Pfarrer und viel Leben auf dem ganzen Kir-
chengelände. Die Katholische Pfarrei hat zwar nur etwa
zweihundert Gläubige, ist aber durch die drei Schulen und
ihre vielen Sozialeinrichtungen in Gaza-Stadt sehr prä-
sent. Von meinem Katholischen Kollegen durfte ich das
Bild der »doppelten Besatzung« mitnehmen: einerseits
die »äußere Besatzung«, welche es den Einwohnern des
Gaza-Streifens fast unmöglich macht, diesen zu verlassen,
und welche den Warenverkehr extrem einschränkt, und
zum anderen die »innere Besatzung« durch die Hamas,
welche das öffentliche Leben in Gaza stark einschränkt. So
seien die Kirchen Oasen der Freiheit in dieser doppelten
Besatzungssituation. Hier können Familien ungezwungen

ein Picknick machen, hier können Kinofilme geschaut werden, hier können Jungen und Mädchen miteinander tanzen und flirten. Die Kirchen als Orte des freien Atmens und Denkens.

Nach dem Besuch war ich voll Dankbarkeit und Stolz für meine Schwestern und Brüder im Glauben und ihren »way of life«! Auch durfte ich lernen, dass viele liberalere Muslime von diesen Freiheitsräumen dankbar Gebrauch machten: Ein Verschwinden der uralten christlichen Präsenz in Gaza würde daher auch viele Muslime treffen!

Der Besuch bei den Baptisten war schließlich insofern interessant, dass man diese Freikirche doch eher mit den USA und einer stark pro-israelischen Haltung identifiziert und nicht mit einer Gruppe von fünfundzwanzig in Gaza lebenden Palästinensern mitsamt einem Pastor aus Ägypten. Diese sehr kleine Gemeinde unterhält eine wunderbare Bibliothek und ist somit ein sehr wichtiger Anlaufpunkt für alle Bildungs- und Literaturhungrigen in Gaza. Der Raum für ihren Gottesdienst konnte mich als Katholiken nicht wirklich überzeugen, aber in der Herzlichkeit ihres Empfangs standen sie den Orthodoxen und den Katholiken in nichts nach. Diese Begegnung brachte nicht wirklich neue Einsichten, vertiefte aber die beiden vorangegangenen. Wirklich interessant war die Tatsache, dass alle drei Gemeinden unabhängig voneinander dasselbe berichteten, wobei die unterschiedliche Schwerpunktsetzung ein spannendes Forschungsfeld für Konfes-

151

sionskundler wäre. Auch hier in Gaza waren gerade die drei verschiedenen Kirchenräume jeweils so wunderbar typisch Orthodox, Katholisch und Baptistisch, wie man es eben auch aus Griechenland, Italien und den USA kennt.

Der letzte Besuch beim Mufti war eher ein Höflichkeitsbesuch. Er dankte für unser Kommen und tauschte einige Höflichkeiten aus. Hier vermissten wir leider die große Offenheit und Ehrlichkeit, die wir bei den Christen erfahren durften, als wir um eine Einschätzung der politischen Lage baten. Aber auch hier empfing uns ein großes Begrüßungskomitee, und die Herzlichkeit wirkte nicht gespielt. Ehrlicherweise hatte ich ordentliche Hamas-Propaganda erwartet, doch stattdessen wurden nur Sprechblasen zerdrückt. Es war einer dieser Momente, in denen ich andere Menschen bewundere, die viel reden können, ohne dabei etwas zu sagen. Kurzzusammenfassung dieses Treffens: »Danke für Ihren Besuch! Für Fragen, Einschätzungen und Stellungnahmen stehe ich Ihnen aber leider nicht zur Verfügung.«

Was ist nun meine Perspektive auf Gaza?

Gaza liegt direkt am Mittelmeer, ist sehr fruchtbar und einfach wunderschön. Gaza ist aber auch voller Schutt, Trümmer und Müll und einfach ein unwirtlicher Ort.

Die Menschen dort sind starke Persönlichkeiten mit einer kraftvollen Ausstrahlung. Sie leben aber auch unter einer doppelten Käseglocke der äußeren und inneren Besatzung.

In Gaza gibt es furchtbar primitiv denkende Menschen, die voller Hass und Vernichtungswillen sind. In Gaza leben aber auch hochgebildete, differenziert denkende Menschen, die voller Bereitschaft zur Vergebung und Versöhnung sind.

Das Wichtigste für mich aber ist: Auch in Gaza leben Christen, die ihren Glauben in beeindruckender Weise leben und die mich in meiner Lauheit beschämt haben. In Gaza leben wohl auch die glücklichsten Priester. Wenn meine Kollegen dort aufwachen und den Tag beginnen, wissen sie, warum und wozu sie Priester geworden sind. Sie wollen niemals von dort versetzt werden. Ich kann sie so gut verstehen. Die Priester sind übrigens alles Ausländer: Der Orthodoxe Pfarrer kommt von Kreta, der Katholische aus Argentinien und der Baptist aus Ägypten.

Es gibt einen Schlussgedanken, der mich umtreibt, wenn ich an Gaza denke: Ich durfte während des Gaza-Kriegs mit vielen Israelis sprechen, besonders mit Müttern, deren Söhne als Soldaten nach Gaza mussten oder die mit ihren kleinen Kindern in die israelischen Luftschutzbunker vor den Raketen der Hamas flüchteten. Bei unserem Besuch im Dezember 2014 durfte ich die andere Seite der Medaille kennenlernen.

Ich muss sagen: Ich erkenne den Unterschied nicht, zwischen einer Mutter in Gaza, die um ihr Kind während des Bombardements der israelischen Luftwaffe in der Porphyrios-Kirche zittert, und zwischen einer Mutter, die um ihr Kind während des Raketenbeschusses der Hamas im Luftschutzbunker bangt.

Ich kann den Unterschied nicht sehen, zwischen einer Mutter, die ihren Sohn zu Grabe trägt, der als Soldat in Gaza gefallen ist, und zwischen einer Mutter, die ihren Sohn beerdigt, der als Kämpfer der Hamas getötet wurde.

Ich sehe weder auf der einen Seite Bestien noch auf der anderen Seite Monster. Ich sehe nur verzweifelte Menschenmütter in unaussprechlicher Sorge um die Menschen, die sie neun Monate unter ihrem Herzen getragen und denen sie ihre ganze Liebe geschenkt haben.

10
TEL AVIV

*Oder: Welche Stadt gefällt Ihnen besser,
Jerusalem oder Tel Aviv?*

Diese Frage wird mir in der Regel nicht von Pilgergruppen gestellt, die Tel Aviv, wenn überhaupt, nur flüchtig streifen, sondern von meinen israelischen Freunden, von meiner Gemeinde und von allen, die das Land gut kennen und mit beiden Städten vertraut sind. Die Frage ist durchaus berechtigt, da ich mich selbst schon oft dabei ertappt habe, wie hemmungslos ich von Tel Aviv schwärme und wie gerne ich auch immer wieder dort bin.

Eine meiner Aufgaben ist ja die deutschsprachige Katholische Auslandsseelsorge in Tel Aviv. Das heißt ganz konkret, dass ich alle 14 Tage nach Tel Aviv fahre, um dort in der wunderschönen kleinen Kreuzgangkapelle von St. Peter in Jaffa – also in dem Stadtteil, den man als Altstadt von Tel Aviv bezeichnen könnte –, direkt am Mittelmeer die Eucharistie mit den in Tel Aviv ansässigen deutschsprachigen Katholiken zu feiern. In der Regel sind dies Diplomaten, Journalisten, Wirtschaftsleute, Austauschstudenten und deren Kinder. Ich freue mich immer sehr auf meine kleine Gemeinde.

Das Besondere ist, dass ich diesen Sonntagsgottesdienst immer am Samstag um 11:00 Uhr feiere. Damit finde ich mich übrigens in bester Gesellschaft: In den vier Kirchen und Kapellen in Jaffa finden den ganzen Samstag über Sonntagsgottesdienste in allen möglichen Sprachen statt, da im jüdischen Staat der Samstag als Sabbat arbeitsfrei ist, während am Sonntag wieder die Arbeitswoche beginnt. Damit sind wir zwar auf dem Erdball mit die Ersten, die den Sonntagsgottesdienst feiern, wir werden aber von den Christen in den arabischen Ländern ausgestochen: Diese feiern nämlich schon am Freitag ihren Sonntagsgottesdienst, wenn die dortige Arbeitswoche nichts anderes zulässt.

Dadurch, dass es in Tel Aviv aber auch immer mal Empfänge gibt, Erstkommunionunterricht zu geben ist oder jemand um ein Seelsorgegespräch bittet, bin ich de facto eben doch häufiger, nämlich meist einmal die Woche, in Tel Aviv. Ja, es stimmt, ich mache mich immer mit unverhohlener Freude im Gesicht auf den Weg, sodass man schon fragen kann, für welche Stadt mein Herz mehr schlägt: für Jerusalem oder für Tel Aviv?

Um die Antwort gleich vorwegzunehmen: Meine Herzensstadt ist und bleibt Jerusalem, in ihr möchte ich alt werden! In diesem Punkt bin ich eine treue Seele. An anderer Stelle habe ich ja schon ein ausführlicheres Liebesbekenntnis zu ihr abgelegt. Was ist dann aber mit Tel Aviv?

Bevor ich mich an eine persönliche Beantwortung der Frage mache, möchte ich ein paar grundsätzliche Bemerkungen zu diesen beiden Städten machen. Jerusalem und Tel Aviv sind nämlich nicht nur zwei verschiedene Städte, sondern Heimat zweier sich diametral gegenüberstehender Lebenseinstellungen. Es ist eine sehr einfache Übung, Menschen zu finden, welche die eine Stadt fast abgöttisch verehren und die andere regelrecht hassen – und umgekehrt. Mit meiner ehrlichen Zuneigung gegenüber beiden Städten scheine ich auch in diesem Punkt eine merkwürdige Ausnahme zu sein. Ich kenne mittlerweile schon zur Genüge die Situation in Tel Aviv, wenn mich bei einem Empfang eine Tel Aviverin oder ein Tel Aviver mitleidig bedauert, weil ich in Jerusalem leben muss. Sie selbst hätten die Stadt nur zwei Mal in ihrem Leben betreten, einmal zur Bar-Mizwah-Feier – also wenn ein jüdischer Junge dreizehn und damit voll religionsmündig wird und zum ersten Mal feierlich aus der Tora liest, diese Feiern finden sehr oft an der Kotel, der Westmauer statt –, und das andere Mal während des Militärdienstes. Man muss aber wissen, dass solche Gesprächspartner dann gerne schon Mitte fünfzig sind! Nach diesem Gesprächsauftakt geht es dann oft weiter, ob Jerusalem mit all den religiösen Fanatikern und Spinnern denn für mich als Christ und Ausländer überhaupt noch erträglich sei, und dass mein Gesprächspartner gar nicht daran denken dürfe, wohin seine Steuern fließen würden, die er ja als hart arbeitender Teil der Bevölkerung brav zahle, damit die Religiösen den ganzen Tag hinter Büchern sitzen könnten und sich dabei auch noch vor dem Militärdienst drückten. Das kann sich dann schrittweise immer mehr steigern, bis auch Vorschläge fallen, Jerusalem doch den Taliban zu schenken, da dies schließlich ein und derselbe Menschenschlag wäre.

Seit ich diese Meinung das erste Mal gehört habe, wundert es mich nicht mehr, dass ich regelmäßig von Israelis in Jerusalem gefragt werde, wo denn die Kotel sei. Da hat sich dann mal wieder ein Tel Aviver nach Jerusalem gewagt, um an einer Bar-Mizwah-Feier in seiner Verwandtschaft teilzunehmen, und wenn man jemanden nach dem Weg fragt, dann am besten einen christlichen Mönch, den man sich anzusprechen traut, ohne innere Widerstände überwinden zu müssen.

Ich kenne aber auch die andere Seite. Tiefgläubige Menschen in Jerusalem, die mich bemitleiden, dass ich so oft nach Tel Aviv muss. Ob es mich als Mönch denn nicht stören würde, dass die Leute dort alle halb nackt am Strand herumliefen. Überhaupt: die vielen Homosexuellen im Stadtbild, die ihre sündige Neigung offensiv ausleben würden und eine Schande für das Heilige Land seien. Auch da kann es dann ein Hineinsteigern geben: Ich solle mir doch mal die Männer in Tel Aviv anschauen, die sich alle die Köpfe kahl rasiert hätten und mit nacktem Oberkörper herumliefen, was doch eine regelrechte Gotteslästerung sei, da die religiösen Gebote doch genau das Gegenteil verlangten. Überhaupt sei Tel Aviv ein Geschwür, das geheilt werden müsse: Gott allein könne seinem Volk Israel Schutz und Sicherheit gewähren, nicht jedoch Waffengewalt und eine Armee, die Gottes Gebote mit Füßen trete. Tel Aviv sei wie Sodom und Gomorrha, und was mit diesen beiden Städten geschah, wüsste man ja. Dann und wann begegne ich auch diesen Menschen in Tel Aviv und es ist unverkennbar: Sie fremdeln mit dieser Stadt, und die Stadt mit ihnen.

Der große Mentalitätsunterschied dieser beiden Städte wird bei den Wahlen zur Knesset, also den israelischen Parlamentswahlen, jedes Mal mehr als deutlich. Während in Jerusalem die religiösen Parteien regelmäßig die absolute Mehrheit erhalten und säkulare und besonders linke Parteien als Splitterparteien gelten können, so ist dies in Tel Aviv exakt umgekehrt. Amüsant finde ich dabei immer nur, dass sich beide Seiten gegenseitig beschuldigen, in einer »Blase« zu leben und keine Ahnung zu haben, wie die Menschen im Land wirklich dächten und fühlten. In diesem Punkt haben wahrscheinlich sogar beide recht: Wenn man sieht, dass in Nazareth die arabischen Parteien über neunzig Prozent der Stimmen erhalten und in den Siedlungen rechte und nationalreligiöse Parteien überwältigende Erfolge erzielen, kommt man wohl zu dem Schluss, dass das ganze Land sehr fragmentiert ist.

Meines Erachtens ist dies eines der größten Missverständnisse. Israel – und auch Palästina – ist kein Schmelztiegel, sondern die große Kunst, aneinander vorbei zu leben. Dies wird mir besonders in der kleinen Altstadt von Jerusalem bewusst. Die Christen haben ihren Bäcker, ihren Gemüsehändler und ihren Friseur, die

161

Muslime wiederum ihren Friseur, ihren Bäcker und ihren Gemüsehändler und die Juden wiederum ihren Gemüsehändler, ihren Bäcker und ihren Friseur. Wahrscheinlich ist das auch das große Geheimnis, warum es irgendwie dann doch funktioniert. Vielleicht ist das ganze Heilige Land wie ein Kloster; in der Regel des Heiligen Benedikt schreibt unser Ordensgründer uns Mönchen ja ausdrücklich ins Stammbuch, dass wir die körperlichen und charakterlichen Schwächen der Mitbrüder in unendlicher Geduld ertragen sollen. Es bleibt nur zu hoffen, dass irgendwann jeder Einwohner des Landes dem anderen und sich selbst wirklich wünscht, dass alle gemeinsam zum ewigen Leben geführt werden, wie der Heilige Benedikt dies ein paar Sätze später schreibt (RB 72, 12).

Nun aber endlich zur Beantwortung der Frage, was mir Tel Aviv persönlich bedeutet. Wenn Jerusalem – wie bereits dargelegt – meine Lebenspartnerin, meine große Liebe, meine herrlich komplizierte und faszinierende Diva ist, dann ist Tel Aviv meine beste Freundin. Während ich um Jerusalem täglich neu ringen muss, an ihr manchmal schier verzweifele und mich dann immer wieder neu in sie verliebe, so ist Tel Aviv einfach herrlich unkompliziert. Bei ihr fühle mich tiefenentspannt, da ich bei ihr die Füße auf den Tisch legen darf und so sein kann, wie ich bin, da sie nichts von mir will und ich auch nichts von ihr. Wir verstehen uns super, aber mehr ist da auch nicht. Jerusalem ist halt von mehr als 4000 Jahren Stadtgeschichte gezeichnet,

religiös aufgeladen und beherbergt einen denkbar hoch-
komplexen Bevölkerungsmix, während Tel Aviv eine sehr
kurze Geschichte hat, religiös ziemlich unmusikalisch ist
und eine sehr entspannte Bevölkerung beherbergt.

Mit jedem Kilometer, den ich mich von Jerusalem ent-
ferne und Tel Aviv näher komme, merke ich, wie Span-
nung von mir abfällt. Meine Tel-Aviv-Termine fühlen sich
wie Kurzurlaube an. Aber ganz ehrlich: Wer möchte schon
in einem Dauerurlaub sein? Um es kurz zu sagen: Ich
freue mich jedes Mal auf Tel Aviv, da ich dort meine Seele
baumeln lassen kann, möchte aber dort auf keinen Fall auf
Dauer leben, da ich hierfür ein viel zu leidenschaftlicher
Mensch bin! Jerusalem, du brauchst also wirklich nicht
eifersüchtig zu sein!

Da ich gerade schon den Weg von Jerusalem nach Tel
Aviv angesprochen habe: Es geht von 800 Metern Höhe
inmitten des judäischen Berglands hinab zur östlichen
Mittelmeerküste. Der Weg beträgt gerade einmal 70 Kilo-
meter – 50 Kilometer von Jerusalem zum Flughafen Ben
Gurion und dann noch mal 20 Kilometer bis in die Stadt
hinein –, und doch ist es eine Reise zwischen zwei Welten.
Auf welche Weise ich pendle, besonders am Sabbat, wenn
in Israel keine Busse fahren, ich aber zu meiner Gemeinde
in Tel Aviv muss? Ich nehme ein »Sherut«, ein Sammeltaxi.
Der Fahrpreis von umgerechnet 7 Euro für 70 Kilometer
Fahrstrecke ist einfach unschlagbar! Das funktioniert so:
Ich laufe in die Jerusalemer Neustadt zum Sammelpunkt

dieser Minibusse, die losfahren, sobald sich zehn Passagiere eingefunden haben – ich habe noch nie länger als fünf Minuten warten müssen –, dann geht es im hohen Tempo zum Busbahnhof in Tel Aviv, von wo ich dann nur noch in Richtung Mittelmeer zu gehen habe. Ein Fußweg von etwa einer halben Stunde.

An dieser Stelle muss ich allen Christinnen und Christen aus dem Nordosten Afrikas danken, die dafür sorgen, dass ich nie lange auf ein Sherut warten muss. Zusammen mit dem Sherut-Fahrer bin ich in der Regel der einzige Nicht-Afrikaner, der am Sabbat-Morgen solch ein Sammeltaxi besteigt. Zur Erklärung: Direkt beim Sammelpunkt der Sheruts in Jerusalem liegt die wunderschöne Kathedrale der Äthiopisch-Orthodoxen Kirche, während beim Busbahnhof in Tel Aviv der Gottesdienstraum der Eritreisch-Orthodoxen Kirche liegt und auch die Räume, wo sich die Christen aus dem Süd-Sudan und aus Somalia jeden Samstag zum Gottesdienst versammeln. Die Sheruts dienen damit am Sabbat als Shuttle-Service zwischen zwei Kirchen.

So befinde ich mich jedes Mal umringt von Mitchristen aus Äthiopien, Eritrea, Somalia und dem Süd-Sudan, die auf dem Weg zum Gottesdienst oder auf dem Rückweg vom Gottesdienst sind. Ich muss zugeben, dass mich diese gemeinsamen Sherut-Fahrten immer sehr anrühren: Ich sitze zusammen in diesem Kleinbus mit lauter Menschen, die ein schwieriges Flüchtlingsschicksal hinter sich haben, die für einen Hungerlohn niedrigste Arbeiten verrichten und die immer wieder neu darum zittern, ob sie noch ein halbes Jahr weiter dableiben dürfen oder abgeschoben werden. Genau diese Menschen haben sich für den Gottesdienst ihre schönsten Kleider angezogen und die Frauen haben meist ein wunderschönes goldenes Stirn-Diadem angelegt, das mich an die Königin von Saba denken lässt. Sie sitzen mit strahlenden Gesichtern neben mir und summen leise Kirchenlieder vor sich hin.

Für mich persönlich gibt es keine bessere innere Vorbereitung auf meinen Gottesdienst als diese Fahrt mit dem Sherut. Diese Mit-Christen sind mir, der ich Mönch und Priester bin, an Glaubensfreude und Dankbarkeit gegenüber Gott haushoch überlegen: Gerne gehe ich bei ihnen immer wieder in die Schule, indem ich auch in Zukunft unser Auto stehen lasse und Sherut fahre – zusammen mit den würdigen Erben der Königin von Saba!

Diese Flüchtlinge zählen übrigens zusammen mit den Gastarbeitern von den Philippinen und aus Indien, die zumeist Frauen sind, zu den sogenannten »Hebräischsprachigen Christen«. Diese Christen darf man auf keinen Fall mit den »messianischen Juden« verwechseln, die meist aus den USA kommen und »Judentum für Christen« praktizieren, wie es meine jüdischen Freunde immer so gerne nennen. Die »Hebräischsprachigen Christen« sind auch nur in den allerallerseltensten Fällen Juden, die sich zum Christentum bekehrt haben, da gerade wir als

165

Katholische Kirche ja sehr entschieden die Judenmission ablehnen und ich auch selbst Juden, die Christen werden wollen, was es durchaus immer wieder gibt, zu helfen versuche, ihren eigenen Glauben neu zu entdecken, und ihnen zu einem Gespräch mit einem Rabbiner rate. Nein, die »Hebräischsprachigen Christen«, deren Zahl in Israel auf mittlerweile 100 000 geschätzt wird, sind neben den Flüchtlingen diese Gastarbeiterinnen. Diese sind übrigens fast alle Katholisch. Es gab zwar auch vor einigen Jahren mal eine Welle Rumänisch-Orthodoxer Gastarbeiter, die besonders auf dem Bau gearbeitet haben, doch diese sind wieder fast alle nach Rumänien zurückgekehrt und haben keine tieferen Spuren in der israelischen Gesellschaft hinterlassen. Anders ist dies nun bei den Gastarbeiterinnen aus den genannten Ländern. Sie arbeiten oft – meist am Rande der Legalität und nicht selten sogar völlig illegal – im Bereich der Altenpflege und der Kinderbetreuung. Als liebevolle Kindermädchen sind sie nicht nur in Israel, sondern auch in den arabischen Nachbarländern hochwillkommen. Manche von ihnen finden in Israel einen Partner, andere hingegen werden Opfer von häuslicher und sexueller Gewalt. Das Ergebnis ist, dass viele von ihnen Kinder bekommen, die in Israel in einer jüdischen und hebräischsprachigen Umgebung als Christen, meist eben Katholiken, heranwachsen. Genau diese Kinder sind die eigentlich »Hebräischsprachigen Christen«, und genau diese sind es auch, die dafür herhalten müssen, wenn

Israel sich eines wachsenden christlichen Bevölkerungs-
anteils rühmt. Zu diesen Christen gäbe es noch sehr viel
zu sagen, besonders ihr frühkindliches Schicksal ist oft
tief berührend. Während ihre Mütter nämlich rund um
die Uhr ihre ganze Liebe irgendwelchen Einzelkindern
aus der Mittel- und Oberschicht schenken, werden ihre
eigenen Kindern von Ordensschwestern betreut, die ihr
Bestes geben, aber in feuchten Kellern mit 20 Kindern
in einem Raum auch irgendwann an ihre Grenzen kommen. Nicht wenige dieser philippinischen Mütter haben
die ganze Zeit Skype auf ihren Smartphones an, um per
Video ihr eigenes Kind beim Schlafen zu sehen, das sie
selbst so selten in den Arm nehmen können.

Genau diese »Hebräischsprachigen Christen« sehe ich
als große Bereicherung und Herausforderung für die
schon seit Jahrhunderten im Lande lebenden palästinensischen Christen. Diese werden ja in der Tat immer weniger und haben unter vielerlei Unbill zu leiden. Doch da
gibt es auf einmal neue Geschwister im Glauben, die mit
einer ganz anderen Dimension von Problemen zu kämpfen haben. Ich würde mir so sehr wünschen, dass die
»Arabischsprachigen Christen« einen Blick für die Wunden ihrer Mitgetauften bekämen, für die der Flüchtlinge
und für die der Gastarbeiterinnen mit ihren Kindern. Ich
denke, der Blick auf diese Wunden der anderen wäre auch
eine heilsame Medizin für die Heilung der eigenen Wunden, auf die man immer wieder so häufig schaut.

EPILOG

Ausblick auf die Zukunft

Während ich dieses Buch hier schreibe, wurden meine Mitbrüder in Tabgha in den frühen Morgenstunden des 18. Juni 2015 durch eine Brandkatastrophe brutal geweckt. Brandstifter hatten an unser dortiges Kloster und in den Atriumsbereich unserer Kirche Feuer gelegt, in dem unsere Klosterpforte, ein Empfangsraum für Pilger und unser Klosterladen untergebracht waren. Das Feuer, das mit Brandbeschleunigern an mehreren Stellen gelegt wurde, hatte verheerende Folgen: Zwei Menschen mussten mit Rauchvergiftungen ins Krankenhaus, viele Tiere wurden Opfer des Feuers und der enorme Zerstörungsschaden am Gebäude ist derzeit noch nicht abschließend geschätzt. Es wird sich voraussichtlich aber um einen siebenstelligen Eurobetrag handeln.

Während ich dieses Buch hier schreibe, muss ich als Pressesprecher meiner Abtei der internationalen Presse zum Thema Brandanschlag auf unser Kloster am See Genezareth Rede und Antwort stehen und sie über den jeweiligen Stand der Entwicklungen auf dem Laufenden halten. Es ist schmerzhaft, sich über Wochen Tag und Nacht mit den Abgründen des Menschen auseinandersetzen zu müssen, mit dem unbeschreiblichen Hass und der vernichtenden Zerstörungskraft, zu der er fähig ist.

Die anderen Angriffe, die wir in der Vergangenheit

erleben mussten, kommen natürlich auch zur Sprache und spülen sich an die Oberfläche der Seele: Der Brandanschlag auf unsere Dormitio-Kirche in Jerusalem im Mai 2014 und der kurz davor, im April 2014, erfolgte vandalistische Akt gegen unsere Freiluftaltäre direkt am See Genezareth, die als »Dalamanuta« bekannt sind, die Schändung unseres Klosterfriedhofs im Dezember 2014 auf dem Zion und die Demolierung unserer vor der Dormitio parkenden Autos im Juni 2013.

Unter diesen Umständen soll ich ein Buch über mein geliebtes Jerusalem schreiben, ohne verbittert zu klingen?

Während ich diese Zeilen hier schreibe, haben mir meine Mitbrüder viel Trost und Zuversicht gespendet. Ich habe unsere Gemeinschaft noch nie so sensibel, stark und sich gegenseitig stützend erlebt, wie in diesen Tagen nach dem Brand. Uns allen hat geholfen, dass wir von einer unbeschreiblichen Welle der Solidarität und des Gebets getragen wurden: Juden, Christen, Muslime, Drusen und religiös weniger musikalische Menschen standen uns bei und haben auf vielfältige Weise an unserem Schicksal Anteil genommen. Da ist der Mann aus der Nachbarschaft, der fünf Brote und zwei Fische als Stärkung für Leib und Seele vorbeibrachte. Da sind die einheimischen Christen, die ein eigenes Solidaritäts-T-Shirt drucken ließen mit der Aufschrift »Angesichts des Feuers bezeugen wir das Licht«. Und da ist die Gruppe von Rabbinern, die eine eigene Crowdfunding-Kampagne unter orthodoxen Juden für den Wiederaufbau unseres Klosters initiiert haben, um nur drei Beispiele zu nennen. Die Täter haben Hass und Zerstörung gesät, doch die Ernte in diesen Tagen war unbeschreibliche Solidarität von vielen, vielen Menschen, auch von jenen, bei denen wir es nicht immer erwartet hätten.

Wir stehen als Klostergemeinschaft vor genau zwei Alternativen. Entweder wir verschanzen uns misstrauisch hinter hohen Mauern, Stacheldraht und einem System von Überwachungskameras und privaten Sicherheitsdiensten. Oder wir bleiben weiterhin gastfreundlich, mit geöffneten Herzen und Händen für alle Menschen, die zu uns kommen wollen, besonders für die junge Generation und für die, die am Rand der Gesellschaft stehen, die sich bei uns auf der Begegnungsstätte in Tabgha vom Alltag erholen können. Wir haben uns klar für die zweite Option entschieden.

Die Begegnungsstätte, die Gästebeherbung und auch das Willkommenheißen der vielen Pilger aus aller Herren Länder sind wieder angelaufen, wenn zum Teil auch etwas improvisiert, da der Aufbau der zerstörten Gebäudeteile sicher noch Monate, wenn nicht Jahre, in Anspruch nehmen wird. Wir sind aber gekommen, um zu bleiben und um genau hier, im Heiligen Land, Gott zu suchen und den Menschen zu dienen. Wenn wir angegriffen werden, weil wir Christen sind, wollen wir darauf auch wie Christen reagieren, nämlich mit der Bereitschaft zur Versöhnung.

173

Trotz dieser geschilderten Ereignisse ist das Heilige Land nach wie vor ein sicheres Reiseland für Pilger und Touristen, da es offenbar eine stille Vereinbarung zwischen allen Kräften gibt, Touristen und Pilger als »Heilige Kühe« zu behandeln, die man zwar gerne melkt, aber niemals schlachten würde, um im Bild zu bleiben. Ich kann daher nur jeden ermutigen, einmal selbst ins Heilige Land und nach Jerusalem zu kommen, um sich ein eigenes Bild zu verschaffen, das aber möglichst vielfarbig sein sollte.

Verstehen wird man dieses Land und seine Menschen wohl nie ganz, aber man kann es lieben lernen. Einen Versuch ist es wert!

DANKSAGUNG

Ich möchte sehr dem Herbig-Verlag danken, der mir so viel Vertrauen und Geduld entgegengebracht und mich zu diesem Buch ermutigt hat. Mein besonderer Dank gilt hierbei meiner Lektorin, Frau Regine Schmitt, für die einfühlsame Begleitung des Manuskripttextes.

Ein großer Dank gilt auch meiner Gemeinschaft, allen voran meinem Abt Gregory Collins OSB, dass sie mir dieses Buchprojekt mit so großem Wohlwollen ermöglicht hat.

Durch das Schreiben sind mir wieder sehr viele Menschen bewusst geworden, die mein Leben begleitet haben und denen ich so unzählig viel Gutes verdanke. In der Stille meines Herzens sei jeder und jedem Einzelnen für die Zeit gedankt, die sie oder er mir geschenkt hat.